黄金期イスラームの徒然草《つれづれぐさ》

المختارات من المقالات : صيد الخاطر

بقلم ابن الجوزي والترجمة والشرح لأمين ميزوتاني

イブン・アルジャウズィー　原著
水谷　周　編訳

国書刊行会

はじめに

イスラームの原典解釈学、法学、神学などの著作とは異なって、本書は日々の社会生活の中での信仰を中心とした随筆集である。それを信仰の旅路と呼ぶ人もいる。それだけに現代の日本でも緩やかな時間の中で読み進めるうちに、イスラームそして広くは宗教信仰そのものの真髄に直接触れる機会になるかと思われた。また訳者のアラブの旧友が一昔前に、この本は古いが、素朴な中に読む人の心に浸み込むものがあるよと、人知れずつぶやいていたことが忘れられない。それも訳出する動機になった。

原著は『随想の渉猟（サイド・アルハーティル）』と題されて、著者は一二世紀のバグダッドの人、イブン・アルジャウズィーである。彼はイスラーム諸学の他、医学や地理学などに通じた著名な碩学であったが、そのような学者が随筆をまとめるのは、むしろ珍しいことであった。

それだけにムスリムの間でも、それ以来何世紀と読み継がれてきた古典である。特別の順序はなくアトランダムに展開される小話集は、肩の凝る研究書を見るよりも心に響くということだが、それは日本でいうと一四世紀初頭の『徒然草』に似た成り立ちと言えそうだ。事実、訳者が初めて『徒然草』を読んだ六〇年ほど前に受けたような読後感を、この『随想の渉猟』を読んでも持たせられるのだ。人生を見る眼にどこか枯れたような諦観が流れ、市場の雑踏ではなく山里の孤独を好み、移り行く現世の終焉を乱れることなく迎える心の霊操をさせられる。また乱世のなかでも善を積むことが人生の目的と定めて、その頂点の絶対主アッラーを敬愛すること（意識し畏怖し帰依する）が信仰の中核であることも、さまざまに示されている。

主要なテーマに沿って展開される珠玉のエッセイは、ただ静かに読み、考え、感じ取ること以外は何も必要としない。後は、読み手の自由な世界である。そしてその世界を現代に橋渡しするために、各節の終わりに【註】を付けた。

目　次

目次

第四章　知識と学問……189

序章

慈悲あまねく、慈悲深いアッラーの名において

イブン・アルジャウズィーは語った。

アッラーが喜ばれるために、われわれは深謝し称賛するように。そしてアッラーが選ばれた最も敬われる人（預言者ムハンマド）とその同伴者と彼を援護した人たちに、永遠の祝福と平安があるように。

われわれの考えることは、いろいろの事柄にぶつかってはそれらを探りつつ徘徊《はいかい》し、そして離れ去ってゆく。そこでそれらの考えを忘れる前に記録することが一番大切だということになる。預言者（アッラーの祝福と平安あれ）は、「知識は書き留めるように」と言われた。

実に多くのことが私の脳裏に浮かんだが、記録せずにいたので消失してしまい、またそのことをどんなに悔やんだことか。ところがまた思案を始めると、思っても見なかった素晴らしい考えが湧いてくることに気付くのである。そしてただやり過ごすのはもったいないと思

われた。そこで私はこの本を『随想の渉猟』と題して、それらの考えを捉えておくことにした。アッラーは役立つことを擁護され、われわれの近くにおられてお答えになる（善行を報われる）お方である。

第一章　信心

信心を持つと持たないとは、何がどう違うのかと問うている間は、実は信心から遠い。それは誠実に生きようとする衝動であり、正しくありたいという願いからやむにやまれず飛び込む世界である。しかしぐらつくのが人間の常であり、純粋で堅固な信心を得ることは、座視していてできる技ではない。

欲望などあらゆる誘惑に勝つという課題については、しばしば扱われる（二節「禁じられたもの」、四節「忍耐」、七節「妄欲」、一一節「怒り」、一九節「市場」、二一節「妄欲」、二三節「快楽」など）。信心が緩む原因は、眼前の欲望、改心の遅れ、そしていずれは救われるという気の緩みだという（一四節「慈悲願望」、一七節「改心後の罪」、一八節「罰の遅延」）。そこで、日頃の姿勢が問われる（九節「至誠」、一二節「帰依」、一五節「真実への尽力」、二二節「真実の生活」）。そして究極的には、第一原因であるアッラーを常に意識することが強調される（五節「起因者」）。

随筆集ながら、以上でイスラームの信仰に関する主要な側面は、ほぼカバーされていると言える。なお本書で大半の場合、「知識」とは信仰に関するもので、「学者」とはその分野での学識者を指している。

一、説教を聞く人の心はさまざま

説教を聞いて心が目覚めても、それが終わるとすぐに心は堅くなり、不注意が舞い戻ることがある。人の心はさまざまであるが、説教の前後で変わるのには、二つ理由がありそうだ。一つは、説教は鞭打ちのようなもので、それが終わればその痛みは消え去るということ。もう一つは、説教を聞くときの人の心身の状態は、世俗から離れて没頭しているが、それが終了すると雑事にまみれるのである。そこで正しい姿勢から離れることとなる。

これが多くの人の場合であり、目覚めの影響がどのように残るかは、人によりけりなのである。人によっては全く迷わずに、確固とした姿勢を保つ。そうする場合は性格からして、たとえそうすることが邪魔な障害となってでも、そうするのである。ハンザラ(・ブン・アビー・アーミル、六二五年没、マディーナ住民で預言者ムハンマドの支援者)という男は、自分は偽信者だと言って自分を責めたことがあった。

そうかと思うと羽毛《うもう》のように風に舞って、性格的にときに不注意となり、あるいはときに説教通り行動する人もいる。あるいはまた、石の上の水がなくなるように（すぐ流れ去るが）、耳にした分量だけは遵守する人たちもいる。

【註】本節は原著でも冒頭にあるものだが、そのように目立つところで説教を聞く人の心は万華鏡であると赤裸々に語る様子に驚かされる。ハンザラは預言者の教友の一人で、彼は預言者が来世を語るのを聞いて、自宅に帰ってからあたかもそれを見たかのように自分が話すのに気が付いた。そこで自嘲して、自分は偽信者だと言ったのであった。それに対して預言者は、ハンザラを天使たちが見ているので問題ないとなだめられた。ハンザラの遺体は天使が洗ったとされ、彼は「洗浄」の綽名で知られることとなった。底本一番。

二、禁じられたものは甘美

禁じられたものを欲しがる、人の心について考えてみた。禁じられれば禁じられるほど、欲しがるのが常である。その事始めは、人類の祖のアーダムである。彼は（楽園には）他にもいろいろあるのに、禁じられた樹木を望んだのであった。

「人は禁じられればそれを切望し、入手していないものを欲しがる」と諺に言う。さらに、「食べないように言われれば我慢するが、動物の排泄物をバラバラにしないように言われると、そうしたくなる」とも言う。そして、「禁じられたものには、何かあるに違いない」などと考えるのである。そしてついに、「禁じられたものこそ、一番好ましい」ということにさえなるのだ。その原因には二つあることに気が付いた。

一つは、心が制約に耐えるのは、せいぜい身体内の事柄が限度だということである。そして（身体外の）禁じられたものには、関心が高まるのである。この事情は一ヵ月間、家から出てはいけないと言われれば我慢しても、（それより短いが）一日中外出してはいけないと言われれば、何とかしようとするようなものである。

二つ目の理由は、心を統制するのは難しいということ。だから禁じられれば味わい深くなり、許されたものは美味しくなくなってしまうのだ。

そこで心は簡単に見えるものを拝んで、それを好きになる。しかし言われること（見えないこと）については、そうしないのである。


【註】二つ目の「言われること」とは説教のような教えであり、一つ目の「禁じられたもの」とは

飲酒やみだらな行為であろう。身体内の事柄は他の人には分からないので、自分でしっかり管理しなければいけないという意味にも受け止められる。ただしアッラーは何でもご存知であるということも、言外に言っているのであろう。底本二三番。

三、敬虔さ

私は心のことを熟慮したが、許されたことから現世の利益を得ることもある。しかしそれは敬虔さを汚して信仰の髄を搾《しぼ》り取り、またアッラーへの服従の甘美さを消失させるかもしれない。それはまたひるがえって、現世の利益を害するかもしれない。要するに両方（現世と来世）にとって、有害ということになる。

私は心に言った。あなたは違法に財を収奪する不正な支配者のようで、その財はやがて没収され、さらには収奪していないものも取り上げられるだろう、と。だから（心を惑わすような）間違った解釈には、十分に警戒しなければいけない。至高なるアッラーは、騙されてしまうことはないのだ。そしてアッラーに背いて、その支配下にあるものを手に入れることはできないのだ。

【註】人は得てして身勝手な解釈をしがちだが、敬虔さを保って従順に教えに従う必要を訴えている。従っているかどうかの判断は、初めは自分でするしかないが、最後は全てをアッラーが見ておられるという構造も確認している。底本四七番。

四、忍耐と喜悦

アッラーの定められる運命に対する、忍耐ほど難しいものはない。そこで最善の対処方法は、その天命に喜びを見いだすことであろう。忍耐は義務であるが、喜悦は美徳なのである。忍耐が難しいのは、心が嫌悪するものが運命となるからだ。この嫌悪するものは、身体的な病気や障害だけではない。頭を混乱させるさまざまな事象で、そういう運命の背後にある知恵（アッラーの配慮）を理解できないようなことも含む。

現世の事柄に埋没して、あり余る資財で何をすべきかも分からないような人もいる。そうして食器を水晶やダイヤモンドなどの宝石で飾り、それで豪華になったと思うのである。しかしそうすることで禁止事項（教え）を忘れさせて、絹の衣装を身に着けて、我が世とばかり振舞って、人びとに不正をなすのである。

一方では信心深く学ぶ人びとが、貧困と苦難にひれ伏しているのを見る。不正な人たちの支配下にあるのである。そうすると悪魔はつぶやいて、運命の知恵に対して火を点けるのである（支配者に媚びる）。だから信者は、現世の害毒に対する忍耐を必要としている。（悪魔のような）ジンの投げかける議論に、負けてはならないのだ。同様に不信仰者がムスリムを圧倒しないように忍耐が必要だし、掟破りが信者を振り回してもならない。動物や児童の虐待も同じ問題である。

忍耐を強化するものには、こういった事態において、信仰が試されるのである。

と預言者伝承に他ならない。クルアーンは、二つに分けて考えられる。その一つは、不信仰者と背信者に対して、（富が与えられる）理由を説明するものである。

「われらが、かれらに猶予を与えているのは、ただかれらが罪を増やすためなのです。」（三：一七八）

「人間が一つの（不信心な）共同体とならなければ、われらは慈悲深いお方を信じない者のために、その家には銀の屋根、それに登るのに（銀の）階段を設け（たでしょう）。」（四三：三三）

「われらが一つの町を滅ぼそうとするとき、われらはかれらの中の裕福な人たちに（先ず信仰を）命じるが、かれらは服従しません。それで（アッラーの）言葉がそれ（町）に関して正しいと証明されると、われらはそれを徹底的に壊滅するのです。」（一七：一六）

この種の言葉は、クルアーンに頻出する。次いでクルアーンの第二の部類として、信者を試すものがある。

「それともあなた方は、楽園に入ると考えたのでしょうか。アッラーがあなた方の中、奮闘努力する人たちと忍耐する人たちを、明らかにしないままに。」（三：一四二）

「あなた方は先に過ぎ去った人たちが出会ったようなもの（試み）が訪れる前に、あなた方が楽園に入れると考えるのでしょうか。彼ら（先人）は災難や困窮に見舞われ、使徒や一緒の信者たちも、アッラーの助けはいつでしょうか、と言うほどまでに動揺させられました。」（二：二一四）

「それともあなた方は、放っておかれると思うのですか。アッラーが、あなた方の中、誰が奮闘努力する人たちかを知らないままで、そして誰がアッラーと彼の使徒（ムハンマド）と信者たち以外に、親しい友を持たない人たちかを知らないままで。」（九：一六）

この部類のものも、クルアーンでは多数知られている。

次には預言者の伝承であるが、それは実例と伝承の言葉に分けられる。実例の方であるが、預言者は砂の上に寝ていたので体に痛みも生じたが、それを見てウマル（第二代正統カリフ、六三四—六四四年在位）は悲しんで言った。「キスラー（五七九年没、サーサーン朝ペルシアの君主）やカイサル（ローマ皇帝）は、絹や錦の上に寝ていたのに」。そこで預言者は言った。「ウマルよ、疑いは持っていないでしょうね。彼らには現世があったが、われわれには来世があるということを」。

伝承の言葉としては、次の通りである。「アッラーが見られて、もしこの世が蚊の羽ほどの価値でもあるのであれば、それでもって不信仰者に一口たりとも給水されることはなかっただろう（取るに足りない現世だから、不信仰者にも給水された）」。

それでは（忍耐を強化する方法としてテキストではなく）、理性に拠る方法に移る。理性は忍耐の武力を強化し、アッラーの知恵の正しいことを証明する。またそれは無知な者が欠陥ありとすることに依拠することはないし、確固たる原則を放棄することはない。

また（理性は）次のようにも言う。人をうらやましがらせる無法者の贅沢は、（あなた方からの）収奪を意味する。そして裕福な者たちの手にする収奪は、あなた方にとっての贅沢を意味する。というのは、前者の贅沢は長く見れば刑罰をもたらすが、後者の収奪はあなた方の豊かな報奨を意味するからだ。そしていずれもが遠からず命を落とすこととなり、その（定《てい》命《めい》の）結末を見ることとなる。

また言う。信者は昼間の時間のように短い間だけ働く、雇われ人のようなものである。だから泥の中で働く者にはきれいな服は不要で、我慢して働いてそれが終わったらさっぱりきれいになり、良い服を着ればいい。しかし仕事時間中に遊んでいる者は、報酬を受け取る時には悔やむばかりである。またサボった分、罰を受ける。

こういった話は忍耐を強化する。そこでさらに追加しよう。

殉教者はアッラーに受け入れられるが、何と信者を殺害する人（不信仰者や異端派）も（アッラーによって）創造されたのであった。ウマルを殺したのは不信仰者のアブー・アルルゥルゥ（ペルシア人奴隷で殺害理由はウマルのペルシア征服だともいわれるが不詳）という男であったし、アリー（第四代正統カリフ、六五六―六六一年在位）を殺したのはイブン・マルジャムという男（異端とされたハーリジー派）であった。また預言者ヤフヤーを殺したのは、横暴な（パレスチナの王で）不信仰者であった。理解の目が夕闇の覆いを取り払えば、運命を定める起因者の主と、主の定める運命の結果である支配される人との違いを見ることになるだろう。そうすると試練に忍耐強くなり、主が望まれるものを好むようになり、そこから喜悦が生まれるのだ。

試練を受けている人の言葉がある。アッラーにその癒しを求めるように祈りなさいと言われると、彼が言ったのは、自分にそれをアッラーが好まれたのだから、自分もそれを自ら好んでいる。（次のように詩に歌われた。）

あなた方の喜悦が私の夜更《よふ》かし（サフリー）に伴うなら、

アッラーの平安は、私の眠り（ワスニー）の上にある。

【註】日本でも我慢強さは強調されるが、イスラームの忍耐はアッラーの命令であり、従順であることで喜悦を覚える。そこでイスラームと日本の双方は、似て非なるもの。現象面では同類のようだが、背後にある信念の根拠が異なるので区別される。ただし同じような差異は、誠実さや謙虚さなどすべての道徳上の教えと徳目において言えることでもある。

なお忍耐の反対で嫌われる悪徳は、性急さである。アラブの諺でも、「急ぐのは悪魔から、緩やかさには平安がある」と言う。急ぐことは自己中心的であり、物事が自分の思うように動くことを期待するのだから、アッラーを失念しているという意味で、嫌われて拒否されるのである。しかし何をどの程度辛抱すべきかといった詳細は、イスラーム道徳学でもあまり分析されてきていない。一般論のままであり、後の具体的な応用は基本的には信者任せという整理である。底本五四番。

五、原因ではなく起因者

アッラーを知る人たちの心を、原因（を知りたいという気持ち）が襲うことがある。しかしそれを知らないので平静になれなくても、その心が孤軍奮闘するのではなく、アッラーは単独でその事態を引き受けて下さるのだ。

諸原因が揃っても（強い軍勢を保有するという条件）、その効果はなきものとなった実例がある。

「確かにアッラーは多くの戦場や、さらにフナインの（戦いの）日においても、あなた方を助けました。そのとき、あなた方が自分の多勢（の軍隊）に満足していたけれど、それは何も役に立たず、大地はこのように広いのに、あなた方には狭くなって、遂にあなた方は背を向けて退却しました。」（九：二五）

また預言者ヤアクーブが息子の預言者ユースフについて、（異母兄弟に殺されるのではないかと）警戒したときもそうであった。

「かれ（ヤアクーブ）は言いました。あなた方がかれを連れて行くとなると、わたしは非常に心配です。あなた方がかれに注意を払わない間に、狼がかれを食べはしないかと恐れるのです。」（一二：一三）そしてその結果、聞かされたのは、次の言葉であった。「狼が（来て）かれを食べました。」（一二：一七）（しかしそれは作り話で、ユースフは井戸に放り込まれたところを、無事遊牧民に助けられた。）

後の時代となり、穏やかな時間の中で（ヤアクーブの息子の一人である）ヤフーザー（ユースフとは異母兄弟）が（ユースフの）シャツを持って先に（エジプトからパレスチナに）帰国すると、(父ヤアクーブはそれが息子ユースフのものだと）風が匂いを運んだのですぐにわかった。「確かにわたしはユースフの匂いをかぎました。」（一二：九四）

ユースフの別の例である。

「あなたの主人にわたしのことを伝えてください（とユースフは牢獄の同僚に頼んだ)。ところが悪魔は、かれが（ユースフのことを）その主人に伝えることを忘れさせました。それでかれ（ユースフ）は、なおも数年間、獄中に留まったのでした。」（一二：四二）つまりユースフは七年間、追加で留まることとなった。

ユースフはアッラーしか物事の終わりを定めることはできないことは知っていた。またその条件を満たしているかどうかも、アッラーが定められることも知っている。しかし彼は自分の主張に執着したために、彼の刑罰は追加されたのだ。

マルヤムの話も似ている。

「かの女（マルヤム）の主は、かの女を快く受け入れ、かの女を善良に成長させ、ザカリーヤーがかの女の養育をしました。ザカリーヤーは、かの女の礼拝室（ミフラーブ）に入ったときは、いつでも、かの女の前に食物を見つけました。」（三：三七）アッラーが介在されることで、ザカリーヤーの養育だけには任せられなかった。

預言者伝承にもあるが、それは、アッラーは信者の思いもよらぬところから、糧を与えられるというものだ。

（結果に至る）諸原因は、道路のようなもので、人はそれを使わざるを得ない。ただしアッラーをよく知る人はそれ（アッラー以外の方途など）に頼ることはしないし、またアッラーは他の人には示されないが、それは頼り切るものではないことを明らかにされるかも知れない。そしてその人が好まないにしても、それに傾くようであれば懲罰を食らうかもしれない。だから最小の過ちでも、しっかりと矯正されねばならない。

預言者スライマーンの話も挙げておこう。彼は一晩で一〇〇人の女性を孕《はら》ませると言ったが、実際は一人しか妊娠させられず、それも結局片親の子供となった。彼は、もしアッラーが望まれるならば、という一言を付け加えなかったのである。

私もかつて諸原因に縛られたこともあった。そのために闇の時代や言葉（論争）に振り回されたこともあった。そんなとき、考え事をしていた私の部屋に一人のクルアーン読みが入ってきて、以下を読み上げてくれたので、私の心は晴れたのであった。

「あなた方は不正を行なう人を頼りにしてはいけません。さもないと（地獄の）火があなた方に触れるでしょう。あなた方にはアッラーの他に保護者はなく、助けられることもないのです。」（一一：一一三）

これで私の心は目を覚まして、次のように言った。聞け、私はこの論争で勝ちを治めるように望んでいたが、もし私が不正者に傾くようであれば、望んだ勝利は得られないということに気が付いたのだ、と。

起因者を知って、その起因者に依拠する者にこそ吉兆《きっちょう》があるように。まさしくそれが求める究極の目標であり、われわれはアッラーに糧を授かることをお願いするのである。

【註】少し要点を把握するのに手間取るものもあるが、ここでは六件の話を取り上げて、真の起因者であるアッラーのご意向こそがあらゆる事柄の中心であり、それが第一原因であることを示そうとしている。「アッラーがお望みであれば（イン・シャー・アッラー）」という常用表現は、アラビア語を学んだ人であればだれでも初めに教えられる言葉でもある。それはこの世を白黒のいずれかに一刀両断に判別する哲理を手短に表現しているといえよう。この言葉は例外条項（何々であれば）とも呼ばれるが、人の生活すべてがその一言に覆われていると認め、またその世界に入ることこそがイスラーム信仰の究極の姿であるといって過言ではない。底本六七番。

六、帰依も授けられた糧であること

次の一節を熟考して、本当に驚くこととなった。

「かれらはイスラームに帰依したことで、あなた（ムハンマド）に対して恩を売ったと思っています。言ってやるがいい。あなた方の帰依でわたしに恩を施したことにはならない。アッラーはあなた方を信仰に導くことで、あなた方に恩を施しているのです。もしあなた方が誠実（に帰依するの）なら。」（四九：一七）

人々は理性を与えられたので、それを駆使して偶像は崇めるに値しないことを知って、真の創造主に向き直ったのだ。これは天賦《てんぷ》の理性による果実であり、それにより動物と区別される。

それなのに理性が達成したものを信奉し、才能は天賦であることを無視し、賦与《ふよ》したお方のことを忘れるのだ。果実のどこが彼らのものだと言えるのか、そもそも樹木自体が彼らのものではないのだ。そこで礼拝し知識を求める者は、覚醒の光、理解の力、そして理性をもって初めて物事を正しく見ることとなり、求めるものを得ることができるのである。だから暗闇の中にいたところへ灯明を投げかけてくれたお方に、感謝すべきなのである。

ここに三人の男と洞窟の話がある。彼らが中へ入ったところ、いきなり岩が崩れ落ちてきたので入り口がふさがれてしまった。そこで祈りを捧げることとして、自分たちの善行で訴えることにした。自分はあれをした、これをした、という調子である。そうするときにもし彼らは過ちを犯されないあの方の恵みに気付いていて、彼ら以外の人びととは（それらの善行で）違いを発揮することができるようにされたお方に祈りを捧げていたのであれば、彼らがそうすることは主に祈りを捧げていたことになる。

しかしもし彼らがその行為をしたために恵みを得たと考えるのであれば、彼らは主の下でかしずく者ではなく、居所不明な者であるということになる。そしてその回答は、いつも彼らに供与されていた恵みが休止されるということである。こういった発想は、自分の敬虔さは周囲の無法者たちより優れていると考え、彼らを見下し高慢になるのだ。それは正道を見失い、それから外れることである。

私はあなた方信者に対して、自らを低くして無法者たちと交わるように言っているのではないので、誤解しないでほしい。彼らに対しては心中《は》では怒りを覚え、行動では彼らを避けるようにすべきだ。そして彼らの運の尽きに思いを馳せるべきだ。彼らは誰に対して背いているかも意識していないのである。その大半は背くなどという意思もなく、また事実それは難しいのだが、ただ自分の妄欲《もうよく》に従っているだけなのだ。そして最終的には罪は赦されて寛大に扱われると信じ切って、自分の行なったことを無罪放免しているのである。でもこういったことは、言い訳にもならない。

信者はこのような状況を念頭に置いて、彼らよりも自らにより大きな責任があることを改めて認識すべきであろう。というのは、あなた方は誰が背いているのかということ、そしてその罪のもたらすものを熟知しているからである。実際のところ、主は指の間で（容易に）人の心を入れ替えることもされるのだ。いつの日か試練が襲ってあなたは道を誤り、誤っていた人が正道に戻るかもしれないのだから。

本当に善行を積む人たちが、誰がその善行を授けたかを失念するのには、驚かされることである。


【註】善行を積むにしても、それは自分の能力だと思っていることの過ちを指摘している。これを聞いて、耳の痛い人も少なくないだろう。イスラームは自己存在の成り立ちの全体を示し教えてくれる。そういった一節である。底本七〇番。

七、妄欲と戦え

考えるとよく見かけることだが、大変なことだと思われる。それは信者を試練が襲って、そのすぐ近くに誘惑の種が蒔かれることである。特にそれを手にするのが苦労しないで済むような種類で、例えば個室に好きな女性と二人でいる男性のようなものだ。そうした場合こそはアッラーは至高であることを想起し、（心中の）信仰が問われるのであって、（簡略方式の）礼拝を二度するかどうかといった（外見の）話ではない。

預言者ユースフはそれと似た状況に陥ったが、高位の地位につけたのはそれに打ち勝ったからだ。そこで彼が妄欲（女性の誘惑）に従っていたならば、どうなっていたかは考えるまでもないだろう（クルアーン一二章「ユースフ章」参照）。それとアーダムが理性のバランスを失ったケースを比べてみよう。忍耐の果実と過ちの結果の比較である。そしてそれで得られたものを、あなた方が妄欲に直面したときの、武器とするとよい。

信者にはいつも妄欲が襲ってくる。（人生の）戦場でそうなると、その結果（戦死すること）を考えている兵士は、遅れを取り結局敗れることとなる。そういった事態は、次のようにも言われている。「あなたは自分の場所にいるのは、自分で選んだところで住むしかないからだ」と。その結果は、後悔と涙でしかない。

足を滑らせて穴に落ちた人で、傷を負わないで抜け出てくる人はまずいない。ユースフの兄たちは彼に対して策略を図ったが、その後（何年かして）「わたしたちに（慈悲ある）施しをしてください。」（一二：八八）と言って哀れを請う場面がある。しかしそれほど情けない姿はない。ユースフと、赦されることとなったその兄弟を比べてみよう。それはちょうど初めからちゃんとした服を着ている人と、繕ってはあっても穴の開いていた服を着ているようなものである。骨の弱い人は取り戻せないが、取り戻してもそれは弱いものでしかない、とも言われる。

だから私の同胞よ、心を襲う妄欲に注意しなさい。そしてしっかりと（心の）手綱《たづな》を握りなさい。そして雲が立ち込めるときは、丘を登るのにも注意しなさい。そこに待ち受ける谷は、（水蒸気を出している洪水で）危険かもしれないからだ。

【註】妄欲（ハワー）は野望とか我欲とも訳されるが、それは一体何を指しているのだろうか。正体ははっきりしないが、それがあらゆる不信仰や優柔不断さの種であることは、経験的には理解しやすい。利己的で、一時的で、動物的で、金銭的で、感情的であり、一言でいうと世俗的で現世的ということになる。本節は、自分の心の手綱を締める、しかも初めから終わりまで一貫してという話である。

預言者ユースフを女性が夫のいない間に誘惑する話は、クルアーン一二章の初めに出てくる。彼は後にエジプトの高官に取り立てられたが、その彼の前に並んで、幼少の頃、彼を井戸に投げ込む策略を働いたことで彼の兄たちは謝ることとなった。底本七三番。

八、恩寵に対して思慮深く

アッラーの恩寵に浴した人は、明白なところは外に出しても、そのすべてを露呈するものではない。他の人に見せびらかしたい気持ちは分かるとしても、周りの嫉妬の目も光っているのだ。

考えてみると恩寵について語ることは、心地よいものである。ただし友に語れば、彼の心に苛立《いらだ》ちが起こるかもしれない。また敵に語れば、間違いなく嫉妬心を引き起こすのだ。つまり相手は、敵であればあなたが試練を受けているとほくそ笑むし、恩寵を授かれば妬みの目で睨むということになる。

確かに恩寵を授かって人に見せることは楽しくもあるが、妬みを買って損傷を被ることもしたくないものだ。口外するかしないかは、その人の決心次第である。年齢を明かして、高齢なら弱いものとして軽く見られるかも知れないし、一方若年であればあからさまに敵対視されるかも知れない。財をなしてそれを公表する場合、多ければ人の嫉妬心は間違いないし、少なければ馬鹿にされることも間違いない。こうして三つについて、詩に歌われた。

あなたの舌を大事にして三つを語るな、

年齢、資産、そして宗派（思想）。

これらについてあなたは三様に批判される、

それは、サバを読む、誤魔化し、そして虚偽である。

以上に触れなかったことも、推して知るべしである。そして秘密を妥当でない人にまで知らせるといった、危ない橋を渡るようなことは控えるように。舌が語る言葉は、人を破滅させるかもしれないのだ。

【註】一二世紀のバグッドも二一世紀の日本も、人の心理はほとんど変わりないことが分かる。日本では、「男は外に出ると七人の敵がいる」と言われてきた。バグダッドには、何人いたのであろうか。底本七八番。

九、至誠の報い

信者の多くは自分が一人になっても、アッラーを崇めるあまり、好きなものを放棄する。それは懲罰を恐れてか、あるいは報奨を望む場合もある。さらにはアッラーの偉大であることに敬意を表する気持ちかも知れない。そうすることは、インドの香木を琥珀《こはく》の上に投げ入れるようなもので、誰しもがどこからかは分からないが、すごくいい匂いを嗅ぐことができる。

好むものを放棄すればするほど人はそれを好きになり、また好んでいたが放棄したものを増やせば増やすほどその香りは強くなる。そして香木の種類も多様になる。また人びとはその人をますます敬意をもって見るようになり、ますます絶賛するようになるが、一体それはどうしてかが分からないままである。実際のところ、人びとは彼をよく理解できないので、十分描写もできないのである。

こういう香りはその分量によって、その人の死後も継続する。長年の間その人の善行は語り継がれて、その後は忘れ去られるかも知れない。ある人は死後百年も語られて、その後から墓と共に忘れ去られる。中には、その思い出は永久になるという偉人もいる。

以上とは逆に、人を恐れる一方、一人でも真実を守ることができない人は、その罪の分量次第で評価される。その人からは嫌な臭いが充満して、忌み嫌われる。もし少ししか罪悪を犯していないなら、その人を良くいうことは少なくなるとしても、相変わらず称賛は維持されるかも知れない。もしひどい罪悪をしたのであれば、人びとは彼について悪くも良くも言わなくなるだろう。

一人になって犯した罪は、現世でも来世でも悲惨な苦難に見舞われる原因となる。それはちょうど、自分で選んだところに残っていて、そこで永久に戸惑いつつ生活しろと言われたようなものである。兄弟たちよ、見るがいい。そんな人が（教えに）背いた罪で躓《つまづ》いているその様《さま》を。

アブー・アルダルダーィ（ウワイマル・ブン・ザイド・、六五三年没、教友の一人）は言った。

「一人になるとアッラーに背く僕には、その人が知らないうちに、人びとに嫌悪感を投げ込まれる。」

私が記したことを玩味し、熟知するように。一人の時間を軽視せず、自分の心の中にあるものを無視しないように。すべての行為の要はその意図（ニーヤ）いかんであり、すべての報奨は、その人が至誠であるかどうかにかかっているということである。

【註】至誠（イフラース）は、専心であり、誠実であり、自分との勝負である。しかも一人で行なった罪については人が咎めることもないが、主の懲罰を免れるものではないということが、本節の趣旨になっている。底本一一五番。

一〇、試練が増すと信仰の増加する人こそ信者

信者とは、ただ義務的な儀礼を果たし禁則を遵守するだけではない。それは信心を極め、心に寸分の疑いもなく、つぶやきささやかれる（不信仰な）ことに心穏やかでないものである。そして試練が増せば増すほど、その信仰は増加し、帰依は強くなるものである。

嘆願してそれが満たされなくても、決して信心に影響しないのは、彼は所有されており、所有者は思うがまま自由にされることを知っているからである。もしや疑念が生じるならば、その人は服従の領域を出て、論争の世界に入ったことになる。それはちょうど、ジンのイブリース（人間より上だとアッラーに主張した）に起こったことであった。

信心は厳しい試練の際に、明らかとなるものだ。預言者ザカリーヤー（預言者イーサーの養育係）の息子の預言者ヤフヤーが不信仰者に殺害されたことで、彼を預言者にしたあの方はその不信仰者を追いやることがなかったのはどうしてか、と首をかしげるかもしれない。またさらには、幾多の預言者や信者を圧迫する不信仰者を追いやらなかったからといって、創造主は彼らを防護できないと思うならば、それは不信仰に当たるのだ。

事実は、防護できたけれども、そうはされなかったということである。信者を飢餓に会わせても、不信仰者を満腹にされるかもしれない。背反者を治癒して、信者に病を強いられる

かも知れない。苦しくても悲しくても、所有者に従うほかないのである。
預言者ヤアクーブの息子ユースフの消息が不明となり、ヤアクーブは八〇年間悲嘆にくれたが、自暴自棄になることはなかった。さらにもう一人の息子（ビン・ヤーミーン）までいなくなったので、こう言った。
「忍耐こそ美徳です。アッラーが、かれら（ユースフ、ビン・ヤーミーン・ルービール）をわたしに送り返されるように。」（一二：八三）
預言者ムーサーはフィルアウンに対抗して祈願を挙げたが、それが実現して勝利したのは四〇年後であった。その間引き続き預言者たちを殺害し、魔法使いたちを磔にし、彼らの手を切断したが、あの方の対応はなかった。多くの惨状が襲ったのだが、それは帰依と喜悦を増幅させるだけであった。そうして次の啓示の意味が判明することとなる。
「アッラーはかれらに満悦され、かれらもかれに喜悦します。」（九八：八）
これは信仰力の分量の問題であり、何回礼拝で頭を下げたかということではない。ハサン・アルバスリー（七二八年没、著名な初期の禁欲主義者）は言った。「人は等しく治癒されるとしても、さまざまな試練を受けるものだ。」

【註】人間は試練を受けるために創造された、というのがイスラームの大前提である。その大小や

軽重に一切の疑念は持たず、異議を唱えないことも前提である。試練は主の働きとして、その実在を再確認する機会ともなる。人はさまざまであり、だからこそ試練もさまざま。ただし全員が救いの対象であることも間違いない真実である、とするのが筋書きの全容である。その実例がいろいろクルアーンに啓示されているということになる。底本一九四番。

一一、怒りは悪魔の勝利

友人や同僚が怒りのあまり、ひどくておかしなことを言ったとしても、それを重く見て咎めることはない。彼は酔っ払いのようなもので、何を言っているかが分からないからだ。それよりは忍耐強くして、それに振り回されないように。というのは、彼を悪魔が乗っ取り、その人格は揺れ動き、理性は奪われてしまっているかも知れないのだ。

もし彼を非難し反論したりするのであれば、あなたは気狂いの人に立ち向かう正気の人か、あるいは起きていても目隠しされたまま苦情を言う人のようなものである。そうすると罪はあなたにある。

慈悲の目で見て、運命がどのように働いているか、そして彼の性格がどのように彼のあり方を左右しているかを見なければいけない。正気を取り戻せば彼は後悔して、あなたの示した忍耐という人徳を知ることになるのだ。だから彼が怒りのままに、したいようにさせておくのが一番ということになる。

こういった状況は父親が怒ったときの子供、あるいは夫が怒ったときの妻に当てはまる。怒り狂った人を相手に正面から対抗するのではなく、言いたいように言わせておけば、やがて彼は罪悪感をもって回復するし、また申し開きもするだろう。

しかしその怒りの状態の中で対応するならば、敵対関係は強まる。そして正常に戻ってからは、彼は酔っぱらっていたときの処遇によって応じることとなる。残念ながら、大半の人びとはこのような結果に見舞われている。

怒りの人びとを見て、その人の言動をそのまま正面から受け止めるのをよく見る。しかしそれは知恵の教えるところではない。知恵の示すのは、既に述べたとおりで、それは識者のみが理解するところである。

【註】怒りは戒められる最大の悪徳の一つになっている。不正や虚偽などと並び立つ悪徳である。怒りは性急さと同様で、判断が自己中心的であり、すべての物事を自分が決められると誤解している場合が多い。要するにそれは、アッラーの全幅的な差配と支配を失念している結果ということになる。だからひいては不信仰の端緒となることが恐れられるので、怒りは悪魔

の勝利ということになる。このように論理が展開されているのである。そしてそれはまともに相手にすべきでないと諭している。底本二〇四番。

一二、帰依に人の本心が出ること

この世で、利益（俗欲）追求に基づいて宗教を扱うほど酷《ひど》いことはない。試練の意味が分かっていないのである。

いや、本当に、望まない方向に物事が進むこともあるし、答えが出ないこともあれば、敵側に安らぎの時間があることもあるのだ。もしいつも平安で敵に対して勝利し、あるいは災厄を逃れることを期待するのであれば、負担というものを知らないことになるし、帰依を理解していないということになる。預言者ムハンマド（アッラーの祝福と平安あれ）には、（勝利した）バドルの戦い（六二四年）もあれば、（翌年には敗戦した）ウフドの戦いもあった。家（カアバ殿）から遠ざけられたこともあれば、その後には入ることもできた。

人生は山あり谷ありで、良ければ感謝し、悪ければ懇請し祈願することになる。そして応答がなければ、試練と天命を受け入れることになる。そこに信心が発揮され、その帰依振りにその人の本心が現れる。

そしてその人の内も外も帰依に満たされれば、それは完璧（な信心）ということになる。しかし内心で天命の指示内容ではなくても、それがもたらした損害について気になるようであれば、知識が足りないということになる。さらには口に出して異議を唱えるようであれば、それは無知であり、それから逃れるための（お赦しの）助けをアッラーに請わなければならない。

【註】クルアーンには、「順境も逆境も」という言葉が何回も出てくるが、本節はその発想に基づいている。調子の良いときに感謝するのは、自分の小ささを改めて認識することでもある。しかし逆説的ではあるが、調子の悪いときこそ自分が試されているのだから、そのときの方が心楽しいものがあるとさえいえるのだろう。その結果が保証されていないとしても、人間としての責務を果たすというのが生きがいである。そのような生き様に、偉大さと神々しいものを感じるのは、国籍や宗教の如何を問わないものがある。そういった人のあり方全体を包み込む教えの体系が、イスラームであるとも言えそうだ。底本二一〇番。

一三、恩寵を見せびらかすことへの注意

同類の人たちよりも一段上に行きたいというのが、人間の常である。だから何か不具合が生じると、周りの人がその欠陥に気付かないように隠したくなるものである。不利になった人は、人から哀れみの目で見られないように格好を付けたがる。病気の人は元気な人に情けないと思われたくないので、平気で何ともないように見せる。

預言者ムハンマド（アッラーの祝福と平安あれ）は、マッカ入城の際に仲間が熱病に襲われたが、早駆け（サアイ、カアバ殿の隣りの回廊を三回半、合計約三キロを往復する儀礼）で敵陣にそれを見破られないために、「肌を出しても頑張る人に、アッラーのお慈悲を」と祈願したそうだ。このような事情はもうないとしても、そこで示された判断は残る。つまり、原因を覚えておき、その含蓄を理解する必要はある。

あるとき、ムアーウィヤ（六八〇年没、ムアウィヤ朝を設立）は死の床にあったが、来客の際には家人に頼んで床の上で元気そうに座らせてもらったそうだ。そしてその客が立ち去ってから、次のように歌った。「誰であれ、ほくそ笑む敵に私は耐えるので、時間（老齢）が襲って来ても、どうして弱く見えるだろう。しかし死がその牙を剝くときは、どんな魔除けも役に立たないだろう。」

相変わらず智者たちは、惨状や貧困や試練に際して平然とする。それは悲惨さに対して相手側がほくそ笑むことがないためで、笑われることはその悲惨さよりももっときついものなのである。貧者はその富を見せびらかし、病人はその元気さを見せつけるという次第だ。

しかしここに一つ注意しなければならない点がある。それは、富を見せびらかし恵みの豊かなことを見せつけると、敵の嫉妬の目に襲われるということである。そうするとせっかく見せつけた豊かさは、惨状隠しにならなくなるのだ。

嫉妬の目は、何か好ましいものに対して損傷を与えようとするものである。そしてその好ましいというものは、嫉妬心を持つ人から見てであり、またそれはその人の歪んだ性格に根差しているのだ。これらの集合によって、嫉妬心は恐るべきものとなる。だから嫉妬心の目を逃れつつ、良かれと思う範囲で、見せかけをすることは人には許されることになる。また恵みの見せびらかしに要注意なのは、目を警戒するということになる。

預言者ヤアクーブは（交易のためエジプトに入る）息子たちに言った。

「わたしの息子たちよ、一つの門から（町に）入ってはいけません。そして別々の門から入りなさい。」（一二：六七）

それは嫉妬の目を恐れての警告である。このことは理解しよう。熟慮する人たちには、益するところがあるはずだ。

【註】妬みは人に対して災禍を望む気持ちだが、それはアッラーの配分に不満を持つことでもあるので不信仰に繋がっている。人の嫉妬心を警戒するために、アラブ人の家の入口あたりに手のひらに目を書き込んだ図柄が張り付けてあることが多い。その目力で、嫉妬心を退却させるというものである。似たようなデザインは車に付けたり、キーホルダーにされたりするほど流布している。クルアーンでは、「嫉妬する人の嫉妬の悪から（お助け下さい）。」（一一三：五）とある。底本二二三番。

一四、慈悲願望

人というものを考えてみると、本当に驚きのあまり、理性がおかしくなるほどである。説教を聞いてその中で来世が語られ、その話が本当だと知っているだけは自分の至らないことに苛立ったりする。またそれだから、ちゃんと直そうともする。しかし決めたほどには実行できずに、さぼりがちとなる。

そこで、あなたは約束されたことに疑いを持っているのかと聞かれると、アッラーにかけて、とんでもないと返事する。それなら実行したらいいじゃないかと言われると、そうするつもりになる。ところがまた、有言不実行なのだ。あるいはさらには、禁じられていると知りつつ、そのような遊びに手を染めるかも知れない。

こういった種類の話が、出陣せずに後に残った三人の話（六三〇年、タブークの戦いで出陣しなかった三名については、九：一一八参照）である。それには口実もなく、彼らは参戦しない醜さを知ってもいるのだ。しかしそういう態度は、決まりに背反し、さぼる人たち全員に通じて言えることである。

私はこう言ったように、信念は正しいのに、実行が伴わないケースについて考えてみた。それには三つの理由がありそうだ。

第一には、目前の妄欲である。それに関する誘惑が、自分の犯している罪についての思考を邪魔しているのである。

第二には、改心を遅らせること。理性を働かせるならば、実行を遅らせることの害については警戒して、改心前に死が訪れることのないようにするはずである（そうしないと地獄行きとなるから）。人の命は一時間もしないうちに亡くなるかもしれないというのに、（実行について）決心も付かないのは本当に驚くべきことである。妄想がそのような長寿の幻想を抱かせるのだ。預言者（アッラーの祝福と平安を）は言われた。「別離の礼拝をするように。」これがこの種の病への、最終的な薬となる。つまり次の礼拝まで生きられないと思うならば、その人はしっかり（礼拝に）頑張るだろうということである。

第三には、慈悲願望である。背反する人は言う。「私の主は慈悲深いのだ。」そう言って、彼は（アッラーが）懲罰に厳しいことを失念しているのである。実は懲罰は厳罰であることを知るべきである。そのため例えば小鳥のようなものでも犠牲に付されることもあれば、子供でも罰の対象となるのだ。その罰則の運用も不安定なものである。また五ディルハムを盗んでも、その手は打ち切られることとされた。

偉大で荘厳なアッラーに祈って、われわれに決心と決意を与えて、利益を実施できるようにしてもらえるようお願いする。


【註】社会では不言実行ではなく、有言不実行が多々見られるケースである。本節ではそれをただ人の心の弱さだけに責めを見いだすのではなく、決心を固めるプロセスにメスを入れた議論になっている。諸義務の不実行は審判で有罪となるので地獄行きが免れず、その罰は生半可なものではないということ。それを肝に銘じるだけの能力をアッラーに祈願する形で締めくくられている。底本二五九番。

一五、真実への尽力

いずれの宗教も正しいあり方を求めて尽力するし、事実、真実のみを追い求めている姿が大半である。（ユダヤ教の）僧たちは礼拝し断食するし、ユダヤ教徒は低姿勢で人頭税を納め続ける。しかしいずれの宗派も誇張気味であり、信じるところに従って、導きや報奨を得るために苦しいことも傷つくことも我慢する。ところが大半は、導かれずに、誤道に陥るのだ。だがこれでは問題である。というのは、導きを求めるのは（正しい）目的に従うべきで、尽力は（正しい）解釈に則るべきだからだ。だからその目的やそのための道具を失った人は、決して（真実への）努力家とは言えない。

ユダヤ教徒やキリスト教徒は、三種に分かれる。一つは、預言者ムハンマドの正しさを認めつつも、彼が指導者となることを拒否しているので、これは頑迷派と言えよう。二つには、理性で考えない模倣派で、原理を無視して帰依している。三つには、正しく見ていない議論派で、彼らは律法には何も破棄されるところはないと言う。しかし定めが時に応じて破棄されるのは、間違いではない。彼らは破棄することは病のようなものだとして、それと真実の差異を認めない。彼らは正しく議論すべきである。

ハワーリジュ派（初期の神学派）の言うこともこの類に属している。彼らは自分たちの知識は限られていると認めつつも、判断はアッラーにのみ存するとして、人びとの判断を求めることもアッラーの判断の一部であることを理解しなかった。そこでそういう間違った考えに依拠して、アリー（既出、第四代正統カリフ）と戦い暗殺してしまった。

ムスリム・ブン・アカバ（六八三年没、ヤズィードに派遣された軍司令官）がマディーナの人びとを殺したとき、こう言った。「このような（善行）の後で、地獄に行くとすれば、自分は本当に惨めなものだ。」こう言ったときの彼はその無知さゆえに、ヤズィード（ウマイヤ朝第二代カリフ、六八三年没、支配権をマディーナにも及ぼそうとした）との約束をマディーナの人たちが破ったので、その富や命は収奪してもいいと勘違いしていたのであった。

禍なるかな、自分を理解せず、また誰が自分より知識があるかも分からない、無知な衆愚よ。自分勝手な理解で、猪突猛進である。これこそはわれわれが熟慮すべき根本問題である。それを無視して、多くの人たちは破滅した。私は多くの人が、実際に起こっているのに次の教えを受け入れないのを見てきた。

「その日、顔はうなだれ、苦役に疲れ切って、燃えさかる火で焼かれ」（八八：二―四）

【註】信仰に入ったことは認めても、その後の問題が起きているということだ。イスラーム内外で諸宗派の混乱と騒動にまみえている状況が手に取るようである。そして基本問題として、い

ずれの宗派もその信心に従い熱心ではあるが、それが正しく実施されていないことを嘆いている。この問題状況は、現代社会でもあまり変わっていない。ただイスラームが世界宗教となった今日、他宗教の方が少数派という、中世とは異なるバランスの下にあることを前提に考えることが求められているのであろう。それは相互尊重の精神に尽きるが、それ自体はイスラームに内包された側面でもある。底本二七六番。

一六、精神に篤信は最善

人の心身には倉庫があると言える。そこには血液や精液などもあるが、それらは力を与えてくれる。在庫がなくなってしまえば、それで自分も終わりということになる。そういった備蓄として、富や社会的地位や喜びへの篤信（意識して専念すること）もある。それらは活発であったとしても消耗してしまえば、その人は当惑するしかない。あるいは、恐怖が襲っても希望の備蓄がなければ、抵抗できずに終わりを迎える。また喜び勇むことがあっても、それをバランスする悲しさがなければ、喜びもしぼんでしまう。

だからこれらの備蓄を大事にしなければならないのだ。特に高齢者はそうで、血が流れているのにも、精液を出すことにも、一喜一憂しないことである。性欲を感じることは常ではないだろうが、精液を出せば安楽になるので、それは有害だということになる。なぜなら安楽は弱さに他ならず、弱さは有害だからである。

社会的な威厳を重視する人には、それを守るようにさせてあげなければいけない。もしそうでないならば、彼は恥をかいたと思うだろう。栄誉と名誉を享受していると、それらの逆はとても受け付けられないのだ。

高齢者はまた資金的にも準備しなければいけない。疲れ切ってから、走り回り汗する必要をなくすためである。老齢なのに友達を探すよりは、（他人の財産をむさぼらないでその）敵に財産を相続させる方がまだましなのだ。金銭を軽視するのは馬鹿げている。そうする人は安楽に依拠して、怠慢や気まぐれに身を任せていたのだ。そして喜捨を受けて、物乞いすることに、抵抗感がないのである。

すべての預言者は収入を得ていたし、すべての教友たちも同じことで、彼らは多額の財産を残した。こういった原理は理解すべきであり、無知な人たちのいうことに心を奪われてはならない。

【註】信心の内容は多岐にわたるということ。精神的なものはもちろん、物的な側面も排除されない。イスラーム初期より禁欲的な思潮はあったが、それが中世までに神秘主義の修行と重な

って強調されるようになった。そういった状況が本節の背景にある。篤信の意味内容を広義に解釈して初めて本節は理解できるが、そこに本節の意図もあるのであろう。底本二七七番。

一七、改心後でも罪を恐れること

理性ある人は、常にその犯した罪について恐怖を感じて改心しなければならない。そして改心して涙するのである。多くの人が改心することにもっぱら依拠するくらいに受け入れているが、さらにはそうすることに確信を持っているようでもある。こういったことはあまり話されないものだ。それにしても改心が受け入れられたとしても、犯した罪には恥辱を感じるものである。

改心後も恐怖心を維持しろということは、預言者伝承にも言及されている。(復活後)人々はアーダムのところに行って、執り成しを依頼するが彼は「自分の罪があるので」と言って、依頼を辞退した。その後彼らは、次々と預言者たちを巡った。ヌーフ、イブラーヒーム、ムーサー、そしてイーサーであるが、全員返事は同じであった。彼らのしたことは実質上、本当の罪ではなかったのだが、それでも全員、自分のしたことを罪と思って改心し、悔やみつつ、改心後も恐怖心を持っていたということである。

また改心後の恥辱に関しては、それは存続する。それに関してアルフダイル・ブン・イヤード（八〇三年没、女性に関する改心で知られる）が素晴らしいことを言った。「あなた（アッラー）がお赦しになったとしても、あなたの前では恥ずかしいことだ。」何ということか、罪を選んで一時の美味を好むのか。赦されても、それで失ったものは信者の心に消えず残るのだ。恥辱をもたらす全てのことに、ご用心、そしてその上にもご用心を。

改心する人であれ禁欲する人であれ、以上はあまり注目されないことである。というのは、誠実な改心で赦されれば罪を埋没させられると考えるからだ。確かに私が述べたことは、常に用心してまた恥を覚えているべきだということである。

【註】改心とは悔い改めてアッラーの正道に戻ることであるが、それはできるだけ早く、その日のうちにすべきだとされる。預言者は一日七〇回改心したという。クルアーンにも種々出てくる。「死が迫るまで悪を行ない、今（死の間際になって）わたしは改心しましたという人に赦しはないでしょう」（四：一八）など。なお改心は倫理道徳学の大きなテーマである。例えば改心して赦されるとしても、どの程度のお赦しが出るのか？　不信仰になった者には信仰が、大罪者には篤信が、小罪者には篤信の高い段階が与えられるだろう、といった内容である。さらには、禁止事項ではないが避けるべき事項についての改心の場合は敬虔となり、さらに

勧奨される事項について完璧でなかったとの改心は全き善行（イフサーン）に導かれて到達するとされる。本節の位置づけは、そのような倫理道徳の教科書では注目されていないポイントを突いているということになる。底本二九〇番。

一八、罰の遅延で騙されるな

人びとのあり方を顧みたが、ほとんどは（熱心な）帰依とはあまり関係ない状態にある。礼拝するときは習慣からしているか、あるいは心が痛まない格好で、望んでいることに対立しない範囲だけでしかそうしない。

大半の支配者は違法に資金を集めては、とんでもないところにばら撒いている。それは彼らが所有しているようで、アッラーの所有物だという様相ではない。自分の名前で戦いを行って、その戦利品は好きなように自分のものとするか、あるいは他の人に分配してしまう。

一方学者たちは（支配者の）そういったやり方に対して、自分の貧しさや惨状のために賛同し、行動を共にしている。商売人は違法な契約を取り交わし、大衆はイスラームの掟について、背反し無視している。

もし彼らの要望が実らなければ、こう言うだろう。礼拝なんかしたくないし、それからアッラーは、われわれを祝福しないだろうと。そうして喜捨を拒んで、慣行を無視するであろう。

人によっては懲罰が先延ばしになることで、幻想を持ちがちである。ある人は赦しが得られると勘違いし、またある人は信心を弱めるかもしれない。だからアッラーに、（最後まで）ムスリムとして死ねるようにお願いするのだ。

【註】「一四、慈悲願望」ではすでに、信心が緩む現象について取り上げた。そこでは改心が遅れがちになることと、慈悲にすがれるという間違った安心感が生じることを述べている。また眼前の欲望に振り回されがちにもなるかもしれない。だからまさしく、「騙されるな」という警告が出されている。懲罰的な意味の「遅延」はクルアーンでは、通常「猶予」という表現になっている。まさしく現代の刑法に準じて言えば、執行猶予であり、無罪と勘違いするなということになる。底本二九五番。

一九、市場は駄目にする

礼拝し、禁欲的で、来世のことに没頭できるのは、人から離れたときだけである。というのは、彼らを見たり聞いたりできるのは、それが必要なときだけだからである。それは例えば金曜礼拝や集団礼拝のときだけであり、その際には彼らは十分気をつけているのだ。学者でも同じで、人びとに益があればと考えても、彼らとは時間を決めて、彼らとの話は用心するに越したことはない。

他方日中、市場を歩き、この汚れた世界で売買する人は、嫌悪すべきものやとんでもないものを見てから家に帰るので、その心は既に相当黒ずんでいる。

（帰依行為に）没頭する人が外出するときは、砂漠か墓場でなければならない。

行状正しい祖先は、売買したり注意したりしたが、それでも孤独になるまでは世俗にまみれざるを得なかった。

アブー・アルダルダーィ（既出、六五三年没、教友）が言った。礼拝と取引をしたが、両者は全く調子が合わず、そこで礼拝を選んだ、と。預言者伝承にもある。「市場は気持ちを散漫にして、（善行を）無効にする。」

以上の役立つ特別の組み合わせ（礼拝と市場、あるいは孤独と雑踏）が可能であり、家族のために人びとと混じりあって稼がなければならない人は、棘《いばら》の中を歩く人のように十分注意し、安全を図らなければならないのだ。

【註】市場の雑踏を避けることで、礼拝などの儀礼の純粋さを保とうという趣旨。世俗の醜さを嫌うことは、日本仏教の厭離穢土《おんりえど》の思想と極楽往生の祈願を思わせる。心理過程としては、極めて同質なものを見いだせるようだ。そんな中での礼拝所の清浄さと平穏さが、当然信者の心の施薬院となったことは、イブン・アルジャウズィーの頃も今も同様である。底本三〇三番。

二〇、常時覚醒していること

信者の情熱は来世に連動している。だから現世のあらゆる事柄が、その人に来世を想起させることとなる。というのも、誰であれ何かに気が奪われるときは、そのことが情熱を注ぐ対象になるからだ。

だから職人の一団が人の家に入ると、次のようになるだろう。生地屋は家具を見てその値段に関心を持つ。大工は屋根や天井に、建具家は壁に、機織り屋は織られた布をまず見ることだろう。

そこで信者は暗闇を見れば墓の暗さを思い、痛みを覚えれば懲罰のそれを思い、酷い音を聞けば最後の日のラッパの音を思い、寝ている人を見れば墓の中の遺体を思い、甘いものを味わうと楽園に思いが及ぶのである。そうするとその人の関心の的は犯す罪に絞られて、そのことがそれ以外のすべてのことより優先するのである。

その人はまた、楽園に永久にいることを夢見て、それが中断したり、消滅したり、固まったりしないように望む。そしてそれら永久の楽しみの中に入れると思うと、喜びで一杯になるのである。そうすると楽園に至る道のりにあるような、痛みや病や苦難や愛する人の他界や自らの死亡の攻撃や苦悩への対応などは、いとも簡単に思えてくるのだ。

カアバ殿を目指す人にはその道のりに山積する砂塵は問題にならず、健康を望む人は苦い薬も気にしないものだ。つまり彼は、良い果実は良い種子から生まれ、したがって最良のものを選び、間断なく収穫時（若い時代）を活用するのだ。

信者はまた地獄やそこでの懲罰も想像して、不快感は膨れ上がり不安は増大する。そうなると彼には（楽園と地獄の）二つの状況が生まれる。いずれにしても現世とそれに関連することから離れて、その心は憧憬の野原を舞い、あるいは時に恐怖の砂漠をさ迷うこととなる。だから（この世の）物事は見ることもなくなるのだ。

それから死が訪れるときになる。そうするとその人は救われて平安になれるという考えを強めて、またそれを望んで、心安くなるものだ。そして墓に入ると、尋ねる者たち（天使）がやって来て互いに話する。この人には構わないようにしよう、というのは、彼は今まで休んだこともないのだから、と。

威力あり荘厳なアッラーにお願いしたいのは、完璧な覚醒である。それでもってわれわれが美徳を求め、悪徳から逃れられるようにしてほしい。アッラーのみが成功させて、他には何も益するものはない。

【註】来世を重視し、現世はうつろいやすく、はかないという人生観である。アラブの表現として、この世は融ける雪だがあの世は輝く真珠、という一句がある。しかもそういう見解は感傷的で印象的なものではなく、万物全体の構造からしてそれが厳然たる真実であるという理解と概念に支えられているのは、日本と異なるといえよう。だから結論としては、アッラーの差配に疑義はなく、与えられた責務として人生を全うすべしということも出てくる。来世があり、そこでの成功を祈願するがゆえに、現世での自粛と自戒が必要になるという仕組みである。底本三〇五番。

二一、妄欲の人も導かれ得ること

もともと理性の少ない人には、あまり希望を掛けることはできない。しかし理性はあるが妄欲に囚われているのであれば、それは希望が持てる。

その兆候は次のようである。その人は無知ながら物事を処理するし、破廉恥《はれんち》なことをしでかせばそれは人の目から遠ざけようとする。また観察して目を離さないものもあるし、訓戒を受ければ涙する。そして宗教人を尊敬している。彼らは妄欲があるが理性の人たちである。彼らは後悔しつつ目覚めれば、妄欲の悪魔は姿を消し、理性の天使がやって来る。

他方理性に乏しい人とは、その兆候は物事の近いも遠いも、結末を十分考えないということにある。また破廉恥行為をして人に見られても恥ずかしがらないで、さまざまなこの世の諸事を処理もしない。そういう人は、望み薄である。

しかしそういう人でも、たまにはうまく行くかもしれない。というのは、彼の妄欲は理性の芽を覆っているだけで、時にはそれが復帰するからだ。それはちょうど、てんかん性のようなものである。

【註】妄欲は既に幾度か取り上げられてきた。野望や我欲でもあるが、人の道を外してしまうような、とめどもない衝動である。誤道に入るのは、妄欲が理性を覆ってしまうからだという見解を本節では記している。理性には芽があり、それは核とも表現されるが、そのようなものを認めることで、最終的にはどんな人でも救われる可能性を残しているということになる。

イスラームでは天性（フィトラ）は全ての人に宿っているとと説かれているので、それと平仄《ひょうそく》が一致する。だから万人は救われ、信心を得ることもできるということである。底本三二五番。

二二、真実の生活

あらゆる行為は、アッラーのものであり、アッラーと共にあり、アッラーのためである。そしてあなたには他の被造物の必要はないようにされ、あなたに必要となるものは全て与えられた。（繰り返すが）あなたには他の被造物の必要はないようにされ、あらゆる良いものをあなたに供与される。

妄欲や他の被造物のためにアッラーから遠ざかることのないように。さもなければ、アッラーは事態を逆転されて、あなたは初期の目的を果たせないこととなる。

預言者伝承にある。アッラーの怒りを買って人びとを喜ばせた人には、アッラーは称賛する信者をその人に対抗するために差し向けられるという。

最良の生活は、至高なる創造主と共に生きることである。それはどんな生活かと問われれば、答えは次のようになる。主の命令に従い、禁止事項を避けること。そして掟は守り、裁可されたことには喜悦する。一人になっても作法正しくし、しきりにアッラーを唱念し、天命には異議を唱えないということ。

そこで何か必要となれば、その方にお願いすればいい。それが叶えられれば、それでいい。しかし何ももらえなくても、それはそれでありがたく思い、決してけちってそうなったのではなく、あなたの（全般をアッラーは）配慮されてのことであることを知るべきである。

嘆願は続けるように。というのは、それは帰依の一つ方法でもあるからだ。そうして継続していると、（自分が）アッラーを敬愛するという恵みを得ることになるし、またアッラーへの誠実な依拠を達成するのだ。この敬愛はあなたの目的に導いてくれるし、その成果として、誠実な人としての生活が待っているのだ。

このようでなければ、善い生活はない。大半の人たちは生活がうまく行かなくなり、（俗欲を）隠し、心ではそれに傾いているのだ。そして限度以上の恵みを得ようとして疲れ切り、人に媚びようとして、願いが叶わないときには意気消沈する。天命というものはそれに不満足な人がいるかどうかは関係ないし、またそれは定められたことしか起こらないようになっているのだ。

こうなると真実（に沿う生活をすること）およびあの方への敬愛の機会を逃したことになる。さらにはあの方への行儀良さも失ってしまう。それはもう動物の生き方ということになる。

【註】真実の生活とは、アッラーの示される姿での生活である。それはムスリムとしては万人が欲するところではあっても、その達成には努力と学習と自省心が求められる。その中で嘆願するということは。やがてアッラーに対する敬愛という一つの恵みに転じると指摘されている。嘆願に決まった形式はなく、何語でしても、何時してもよいことになっている。例外は、内容的に不当な利益を得たり、相手の不幸を願ったりすることである。イスラームでは嘆願はいくらしてもよいという以上に、すればするほどよいということを確認しておきたい。それはアッラーにますます依拠していることになるからだ。なお嘆願の対象や目的には、現世利益も含まれる。イスラームではそれを禁止する理由はない。底本三四七番。

二三、快楽を得つつでは信仰は成り立たない

学者か禁欲者以外に、現世での（厳密な信仰）生活はない。

本来は純粋な彼らの生活にさえも、汚濁は混じり得るのだ。学者は知識を独立独歩でも得ようとするが、家族がいるかもしれないし、または権力者の介入を受けるかもしれない。そうするとその状況は一変する。それは禁欲者も同様である。

学者も帰依者も生活のために活動せざるを得ない。写本の仕事をして謝礼をもらい、あるいはヤシの葉の作業（装飾品などを作る）などである。それらで少々の実入りがあれば、それで満足することで、（他人に服従する）奴隷にならないですむ。

例えばイブン・ハンバル（八五五年没、ハンバル派法学の開祖）は、生活のために一ディナールほどしか収入はなかった。それで満足できないならば、権力者や大衆におもねることで、その生活は腐敗しただろう。

食卓を豊かにし、生活の厳しさを受け付けられない人も中にはいる。しかしこういった快楽と信仰は、共存しないのだ。だから学者と禁欲者は何が十分かということを知れば、権力者に（気に入られようと）媚びてその扉を何回もたたくこともないし、禁欲者は（格好をつけて）これ見よがしにすることもないだろう。

美味な生活は、（快楽から）遮断されたところにある。それは（喜捨を）せがんだり、身ごもったり（贅沢になる）するものではないのだ。

【註】信仰を生活の中心に置く人たちを、本節では学者や禁欲者と呼んでいる。彼らの生きる主軸は信仰を通じる善行の追求であるとすれば、それは俗世間における利潤追求とは異質なものである。二つの異質なものは、水と油であるから、初めから最後まで混じり合わないものだ。

したがって善行追及者は、利潤追求型を遠ざけるべきだということになる。イスラームでは聖職者階層は設けられないので、このような意識涵養が特に必要となる。

しかし僧侶階層のある仏教でも、結局同種の問題は生じる。『徒然草』では「生をむさぼり、利を求めて、止む時無し」（第七四段）として論じられている。そして火事が迫っているのにちょっと待てと言えないのは、老死が迫っているのに出家するのを先延ばしすべきでないのと同じだという（第五九段）。俗利を越える必要のあることは古今東西の現実として認められ、信仰者は貧しさを意に介するものではないということになる。底本三六四番。

第二章　アッラー・来世と現世

信仰世界に絶対の主として、厳然として鎮座するのがアッラーである。そこで常にアッラーを意識すること、言い換えればアッラーを求め敬愛することが、信者の目指す目標ということになる（二節及び三節「敬愛」、六節「何からでも」、七節「意識」、一〇節「覚知」）。

その本質を一人で想い、常に専一にして至誠を尽くすべき実在である（三節「至誠」、四節「専心」、一一節「本質」、一三節「一人で想う」、一四節「実在」）。現世は浮世で、来世は永劫（一節及び一九節「現世と来世」、一一節「死去に備える」、一二節「現世を来世で売れ」、一六節「現世は試練」）。過度の禁欲や神秘主義は戒められる（八節「神秘主義」、一八節「禁欲主義」）。知識だけでは信仰から遠く、理性はそもそも主からの賜りものに過ぎない（五節「知識人」、一六節「理性」）。

前章四節「忍耐」でも見たが、最後は主が求められるものが自分自らも欲するものであるという、彼我一致をアッラー信仰の頂点として示す（本章一六節）。

一、現世と来世の喜び

人の自然な性分というものは、現世に傾いている。しかもそれは、内心からである。そして来世のことは、性分の外のものである。確かに何回も（最後の審判とその後の楽園が）クルアーンで注意喚起されているのを見ると、知識の欠けている人は来世への魅力の方がより強いと思うかもしれない。しかし実はそうではなく、現世への傾斜という性分は、下へ向かって流れる水のようなもので、（天国のある）上に上昇させるのには、努力を必要とするのだ。

そこで正道の学者たちは答えて言った。理性を強化するには、奨励と脅かし（楽園と地獄）でする、と。つまり、現世の魅力は少なくないので、人の性分が強くてそれらに惹かれるとしても、なにも驚くことはない。むしろそのような性分が克服されれば、驚きとなる。

【註】現世利益と来世利益の区別は、信仰上の始発駅であり終着駅でもある。どちらが永久であり、どちらが広く深いかという区別でもある。両者を同時に追いかけるのではなく、傾斜すべき

は後者であり、そこに真の生きがいもあれば、幸せもあるとするのが信仰の基本である。ただし現世利益をアッラーに嘆願するのは、すでにアッラーのご加護の下にあるので、それは帰依行為の一端である。底本二番。

二、神を敬愛し、神に愛されること

至高なるアッラーの信者への愛は、彼らのアッラーへの敬愛よりも先行した。そして彼らに対して供与されたもの（恩寵）のすばらしさについて、称えられた。また与えられたものを買われた（評価された）。そして彼らの中で遅れて来る者についても、それらの者も好かれるのでその順序は先に回された。彼らが断食するときはその行列を先導し、彼らの口の（断食から来る）臭いも好まれた。何とこれは崇高なことで、望む誰もが得られるものではない。またどのような講釈師も表現できるものではない。

【註】アッラーは畏れられる対象ではなく、信者にとってまずは心に意識して愛する対象なのである。本節の趣旨は、信者のアッラーに対する敬愛（マハッバ）よりも、アッラーの信者に対する慈愛（ラハマ）の方がはるかに根源的であるということにある。そして「遅れてくる者」

を「先に回される」の個所は、親鸞の『歎異抄』でいう「善人なおもて往生をとぐ、いわんや悪人をや。（悪人正機説）」を思いおこさせる。

人のアッラーへの敬愛はアッラー自体を目指しているという純粋性のために、純愛（フッラ）という特別の用語も使用されている。また人間同士の愛情（フッブ）についていえば、アッラーが人の心を好ましいものに結びつけるという働きを天性として賦与されたことが源泉となっている。その結び付けられる対象は異性（動物的な愛情以上）もありうるが、共同体全体の安全や福利厚生も重視される。それに基づいて、イスラームの倫理道徳上、利己主義を克服した利他主義が強調される背景となった。

預言者伝承に言う。自分が好きなものを同胞のために好きにならなければ、その人はまだ信仰しているとは言えないと。このように愛といっても豊富な種類を持ち、さらに欲情がらみが多く伝えられる日本の現状からすれば、それを越えたあり方を享受しているのは、羨ましく思えてくることである。底本八番。

三、アッラーへの至誠

至高なるアッラーの（実在の）証明について考えを巡らせた。そしてその数は、砂塵よりも多いことに気付いた。ただし驚いたのは、人は偉大で荘厳なアッラーが喜ばれないもの（罪）

を隠すということである。しかしそれは、しばらく後になってからでもアッラーが再び見える形にされる。また他の人たちはそれを見なかったとしても、彼らの舌は噂することになるものである。

多分その罪を行った人は、アッラーによって人びとの前に露呈させられるかも知れないし、あるいはその罪で以前に隠したすべての罪に対して回答を得る（暴露させられる）ことになるかも知れない。そうしてその人は、罪に報いるお方がおられることを知るであろうし、また覆いや幕などは、その天命と力量によって役に立たなくなることも知り、さらに（すべては無に帰して）何の行為もしたことにならないとも知らされるのだ。

以上とは反対に、帰依する人も（善行を）隠すかも知れない。しかし人びとはそれについて話しするだろうし、さらにはその人が以前に罪を犯したことを知らないかもしれない。そうなると彼の善いことばかりを覚えていることとなる。こうして主の存在を知り、善行を果たした人のことは、忘れ去られないのである。

人びとは他の人を知った上で愛して、または拒否し非難し、あるいは称賛する。それは彼のアッラーとの関係において生じること次第である。アッラーはあらゆる問題に十分で、あらゆる悪を追い払われる。

したがって、僕が真実（アッラー）抜きで自分と人びとの間を塩梅《あんばい》するならば、（判定基準が揺れ動く）その目指すところとは逆転して、彼を称えるはずの人が再び非難するかもしれない。

【註】アッラーに向かって右顧左眄《うこさべん》はありえない。隠したつもりでも、そうならないということが本節で述べられる。また逆に言えば、信者が誠を尽くすためにアッラーがおられるということにもなる。そしてそれは、その人が他の誰よりも最高の至誠を尽くす相手となる。他には知られなくても、アッラーにだけは知らせるようにするということである。そうすることの基礎は、完全な信頼であり、前節でみたアッラーに対する敬愛でもある。そのようなお方と共にいられるという、信者の強みでもある。底本三〇番。

四、アッラーに専心であること

若い頃、私は禁欲者たちのあり方に大いに心動かされて、何時も断食と礼拝に明け暮れていた。そして孤独を好んだ。心は善良となり、洞察眼は磨かれ、帰依以外に時間が経つのを悔しく思い、すべての時間をそれに当てるようにした。（アッラーへの）親密さが増し、帰依の甘美さを味わった。

ところがある権力者が私の説教を気に入ったとして近くに置こうとしたが、多少そうなってからは、以前の甘美さは消失してしまった。また別の有力者は同様に近くに呼んでくれたが、今度は、接触し、あるいは食事を共にすることは控えた。（彼の意図について）疑念も生じて来ていた。それでも状況はあまり変わりなかった。そうして（教義上）許された範囲ならいいだろうという気持ちになって、洞察に鋭さは減り、心の静穏さもなくなってしまった。

こうして彼らと接触したことで、心の光はなくなり、暗黒が訪れた。失ったものを懐かしんで、周囲の人々も不愉快に思わせて、彼らも事態を後悔し改善しようとした。私はといえば、状況に完全に対応しきれなくなった。私の（心の）病はひどくなり、治療法も分からなかった。そこで行ったのが、先達の墓を訪ねて、自分の修繕を祈願することであった。そうすると私の守護者（アッラー）は、（俗事への思いを断つことへの）抵抗感にもかかわらず私を孤独へと導いてくれた。そして私の心はしばし（自分から）離れていたのが、戻ってきたのだ。そして私がどんな恥ずかしいものを好んでいたのかということを、教えてくれたのであった。

私は正気を取り戻し、孤独のうちに次のように祈願の中で言っていた。

「主よ、どうして私はあなたに感謝できるのでしょうか。そしてどのような舌で、あなたを称賛できるのでしょうか。私の不注意をあなたは非難せず、眠りから覚ましてくれた。そして自分の（俗欲に傾く）性分にもかかわらず、あなたは私を修繕してくれた。あなたに戻ることが成果だったのだから、私は何と大きな収穫を得たことか。そしてあなたと一緒になれたことで孤独が得られたのだから、何とうまくいったことか。そしてあなたを必要としたときに、どれほど私を豊かにし、あなた以外と一緒だったのに、どれだけ優しくしてもらったことか。あなた以外に対して奉仕し、従っていた時間が惜しまれる。一晩寝続けて朝を迎えても、（夜中の礼拝をしなかったことについて）何も心を痛めるものはなかった。夜の初めにも、その日一日が（改心もなく）過ぎ去ることに、心を痛めるものはなかった（改心はその日のうちにすべきものとされる）。私の病はそれほどであったのだ。今は元気の気風が戻り、痛みも感じるし、健康が回復したのだ。何と恩恵の偉大なことか、私に元気をお恵み下さい。」

目が覚めるまではバカ騒ぎのほども分からないくらいに、酔っぱらっていたようなものだ。元へ戻せないほどに引きちぎられてしまった私は、商品（善行）を失ったことが惜しまれた。それはちょうど船乗りが北風にしばらく悩まされたが、その後睡魔に襲われて、結局目が覚めると元の木阿弥《もくあみ》になっている（船が押し戻されている）といった状態である。

（俗欲をはびこらせる悪魔の）企みに対する私の注意を読み解くものよ。私は実際自分を裏切ったが、私たちは兄弟に対して、腐敗含みの物事には注意しろと言いたい。悪魔は（イスラームで）許されるものをまず増やし、それから横道へそれさせて、最終地点を示す。だからそういった状況を理解するように。そこで途上には逸脱があるとしても、正しい目標を示しておこう。そのために良いのは、あなた方の祖先を見直すことである。「でも悪魔は、かれにささやいて言いました。アーダムよ。わたしはあなたに永遠の木と、衰えることのない王権を見せましょうかと。」（二〇：一二〇）

アーダムは永遠という目標だけを見たので、途上で間違いを犯したのであった。ただしこれが最もよくイブリース（ジンで悪魔）が、学者を騙すために用いる方法である。よさそうな結果を思わせておいて、実際は腐敗の被害を急いでいるだけという始末である。学者に（悪魔が）言うのは、この不正の（権力者に）立ち向かえ、そして不正を正せということだが、言われた人は何とか急いでそれら禁制のものを覗きこもうとする。そうするとその信仰は低俗化する。そしてさらには、別の主を認めたり（シルク）、あるいはそうすることで、その不正者よりも不正になったりする。だから自分の信仰に信頼を持てない人は、隠された企みに用心しなければいけない。

心配なら、一番いいのは孤独である。特に良心が途絶えて、邪心がのさばるようなときである。そうすれば智者には権力者への影響を消失させることができる。彼らと交わると、不法なことも混入するし、それから自分が抜け出すのは難しくなる。学者とはいっても権力者の意向で地方に出向いたりするならば、もうそれは知識に裨益《ひえき》することはなく、地方警察の役人のようなものである。だから（良策は）人々からの孤立しかない。そうして混じることから生じる腐敗した解釈から遠ざかるのだ。そうして一人で自分を益することは、他人を益して自分を害するよりいいことを知るべきだ。また種々の解釈の欺瞞や法勧告の腐敗には、用心の上にも用心を。そして孤独が強いること（不便さなど）に関しては、忍耐の上にも忍耐を。
もしあなたがその守護者とだけいるならば、あなたの知識の扉は開かれる。あらゆる困難は簡単になり、すべての苦いものは口に甘くなるし、苦は楽になり、その目標は達成されるのだ。アッラーはその恩寵として（信者を）成功させられる。そのお方にしか、（解決の）能力も技量もないのだ。

【註】アッラーにしか万事解決の能力はなく、彼一人で十分であるということは繰り返される発想である。そのためには主のみと向き合うために、孤独を好むのがよいというのである。雑踏に紛れていては、雑音ばかりで心は乱れる。これは『徒然草』に言うところと酷似している。「山寺にかきこもりて、仏に仕（つこ）うまつるこそ、つれづれもなく、心の濁りも清まる心地すれ」（第一七段）この心の静謐さは、イスラームではサキーナと称されており、信仰の前提であり、また信仰を補強するものでもある。底本四六番。

五、知識ある人のアッラーから遠いこと

何と言っても驚かされるのは、アッラーを知っていると言いつつ、遥かにそれから離れている人がいることだ。本当に、アッラーに恐れを持つ人しかアッラーを知ることはできず、のほほんとしている人はアッラーを知らない人ということになる。

禁欲者の中には不注意な人たちもいて、彼らは、自分は好かれていて受け入れてもらえると確信しているのである。しかし恩寵が続くと、それを彼らは栄誉と考えるかも知れないし、他方彼らは、それらの恩寵をなきものとするかのように、徐々にそれらと共存することを忘れてしまう（恩寵の失念、それは罪となる）。

あるいは、他の人を馬鹿にして自分の地位は保障されていると考える一方、行った礼拝や儀礼で騙されるかも知れない（それをしたから盤石だと考える）。または、自分は高尚な人間だと考え、他の誰もその高い地位を得られるものではないと考えるかも知れない。

しかし（その逆の実例が種々あるが）、ムーサーはユーシウ（一八：六〇に名前は言及されないが登場）に高齢になってから預言者の地位を譲った（一般にはムーサーの死後譲ったとされるので、原著のこの話は少数説）。ザカリーヤーは祈願が叶えられたが（高齢だったが息子のヤフヤーを授かった。一九：二～九）、彼はのこぎりで切られて殺された。ヤフヤーは権力を保有したが、そ

れでも不信仰者によって頭を切られた。ブルアーム（ムーサーの時代の学者）はアッラーの偉大な名前を知っていたが、犬のように道に迷ってしまった。イスラームの定めで、以前の教えを消去し不要なものにするはずだったし、身体は元気だと説明されてもいずれは破滅し力を奪われる。学識者は地位を得ようと努めるが、その間に小さい子供たちは大きくなり、やがてその学者の弱点や間違いを発見する。

どれほど多くの演説家が輩出し、自分ほどの者が他にいるかと思うだろうが、しかしもう少し長生きをしていたら、さらに流暢な演説家が出て来るので、自分は口がきけない男のように思えたであろう。

イブン・アルサムマーク（一〇世紀、イラクの預言者伝承学者）やイブン・アンマール（一一世紀、アンダルシアの詩人）やイブン・マスウード（七世紀、教友の一人）の説教は、われわれの生徒には不向きであるし喜ばれないだろう。自分の後から来る人がつまらないと思うようなものに、大金を支払う気はしないものである。

アッラーにかけて、その土地の支配者に関係なく、住むところに気を付けるように（真の支配者はアッラーであること）。そして覚めている人には、儀礼の多くを軽視するような混乱にもかかわらず、有為変転と今後の運命の余波を恐れて注意させよう。

こういった事柄は、驚きの首（根源）を叩くもので、高慢な人の高慢さを除去させるものである。

【註】知識人が信仰との関連で批判されることは少なくない。知識の余り、アッラーを畏れることを失念しているという指摘である。しかし知識も理性もアッラーの賦与されたものである。下手に理知が勝ってしまうと、信仰とは背反関係に立つことは、東西の世界で共通でもある。本書でもこの後繰り返されるテーマである。底本八六番。

六、何からでもアッラーを知る目覚めた人

目覚めた人が詩の一節を見ると、そこから示唆を得てそれを吸収する。アルジュナイド（アブー・アルカースィム・、九一〇年没、バグダッドの法学者）は言った。

「至高なるアッラーが栄誉を与えられたマッカへの途上、サリー（・アルサカティー、八六五年没、バグダッドの神秘主義者）が次のようなラクダ使いの詩歌を書き留めた紙を渡してくれた。

私は泣く、私を泣かせるのは一体何か。

あなた（女性）が私を置いて行くと思って泣くのだ。

そしてあなたは私の綱を切り、私を放棄するからだ。」

アッラーの慈悲と成功を祈願するサリーは、この歌を書いてアルジュナイドに渡したが、それはアルジュナイドが見て喜べばと考えてだった。だがアルジュナイド以外にこのようなものを見て鑑賞できる者がいるだろうか。人によっては性格が固くて、理解はいま一つという者もいる。そのような人がこれを見ると、一体誰を指しているのかと聞くだろう。もしそれがアッラーを指しているならば、アッラーは女性形では呼ばれない。もしそれは女性を指しているならば、一体禁欲はどこへ行ってしまったのかと。

本当に人は不注意なラクダ使いのようで、人はこのようなものを聞かない方がいい。だから詩は避けて、歌も聞かせないようにということだ。ほとんどの人は自分の思うようにこれらの詩を解釈してしまうだろう。また欲望のままに。

アルジュナイドやサリーのような（理解できる）人たちは、どこにいるのだろうか。もし彼ら二人のような人がいたとするなら、こういったものを聞いてよく知っている人たちであろう。他方性格が固い人たちの問に対しては、次のように応答があるだろう。サリーは文字通りに示唆を受け取ったのではないし、また彼はアッラーに関して正確な表現だけを想定したのではないと。そうすると、男性形でも女性形でもあり得るのだ。彼は詩に沿って示唆を得ており、詩で彼の愛人に話しているように考えて、自分が放置されようとしていることに涙したのだ。またそれが実際に起こっていることでもあった。だから（詩の意味としては）男性でもなく女性でもないのである。

目覚めた人たちはこういった言葉から示唆を得られるが、それは大衆が（普通に）語ることや、（直截な）あれはあれといった平易な言葉である。

私はイブン・アキール（一一一九年没、エジプトの詩人）が次のように、長老から聞いた女性の詩歌として書き留めたものを見たことがある。

私は一晩中、彼の服を洗い、また日中もさらにごしごし洗った。

彼は外へ出て私以外を見つめて、そして泥の中にはまってしまった。

この詩から、彼（長老）はその含蓄を次のように受け止めた。私（アッラー）の僕よ、あなたを素晴らしい姿に創造し、あなたの事情を整然とし、あなたの身体もしっかりさせたのにかかわらず、あなたは私以外を受け入れたので、そのような背反の結果を見なさいと。

次いでイブン・アキールは言った。ある女性がこの詩を聞いて、次のように歌うのを聞かされたが、それを聞いてしばらく私の心は消沈してしまった。

アッラーにかけて、私はどれほどあなたに言ったことか。

気の緩みには、その結果が伴うと。

悪には（それをはびこらせる）酵母菌が付いている。

少し後から、それは分かる。

そこでイブン・アキールは言った。物事をいい加減にしていたことを恥じなければいけないことは、明日にもそれは分かることとなるが、それは至高なるアッラーの両手の間（最後の審判）においてである。

【註】二つの詩を通じて、アッラーを覚知する問題を取り上げている。同じことを提示されても、そこにアッラーを見出せる人と、そうでない人がいるということ。信仰はその人の心が熟していれば、芽を出し生育するものとも表現できる。ではどうすれば熟するのか、どの程度熟している必要があるのかなどは、定義できるものではない。ただ経験的には、それを求める環境や心境が基礎条件となると言えよう。またさらには、こういった事情であるからこそ、信仰は人にとって、常に生きてゆくことに随伴してくるテーマでもあるのだろう。底本九八番。

七、アッラーを意識することで誰でも道が開けること

私は苦境に立って、いつも心痛にさいなまれていた。そこで私はあらゆる工夫と手法でこの懸念を除去しようとした。しかしそのような方途は見つけにくかった。そのとき、次のク

ルアーンの一節が思い起こされたのだ。「またアッラーを意識する人には、かれは（解決の）出口を与えるのです。」（六五：二）そこでアッラーを意識することがあらゆる苦悩からの脱出方法だということを知った。私はすぐさま、その意識を持って、脱出を試みた。

人は誰でもアッラーへの服従やその命令に従うこと以外に、依拠したり、原因追及したり、または思考することをしてはならないのだ。それに従うことは、望みを持つ人全員の勝利の原因である。

真に素晴らしいのは、どんなに知恵や深謀があっても、その人が考えも及ばないところからそのような脱出が起こりうることである。クルアーンに言う。「かれが思いつかないところから、恵みが与えられます。」（六五：三）

そこでアッラーを意識する人にとっては、偉大で荘厳なアッラーで充足しているので、それ以上にその心を手段について惑わせるべきではないのだ。さらにクルアーンに言う。「アッラーに信頼を寄せる人には、かれは万全です。」（六五：三）

【註】アッラーに依拠すること、すなわち帰依することが最善、最強な解決方法であるというのは、信仰を裏面から語っている。他方、その依拠のために改心することが遅れてしまい、あるいは慈悲にすがるだけで結局は怠慢の原因になるのであれば、それは信仰を腐敗させるも

のとなる。そういう成り立ちは、本書第一章の「一四．慈悲願望」で見たとおりである。底本一三〇番。

八、神秘主義の逸脱

安全な公道であり、まっすぐな道路は、立法者に導かれることである。欠陥がなくて完璧なそのお方の方途を急いで取り入れることである。しかし人はしばしば、（過激な）禁欲の道に走ってしまう。背負いきれないほどに荷物を担ぐのである。そして人生の最終期になって、やっと背を伸ばして立つが、時すでに体は弱り、学問の知識など重要な事柄の機会を逸しているのである。一方では、外見的な知識に傾いて、その道を過剰に進もうとする人たちもいる。そして最晩年になって、立ち上がっても（その知識を）実行する時期は過ぎている。

そこで預言者（アッラーの祝福と平安を）の道を見ると、それは知識と行動である。そして身体的には優しくするのである。預言者はアブドッラー・ブン・アムルー・ブン・アルアース（六八三年没、七〇〇の預言者伝承を残した。父親はエジプトを征服した有名な軍司令官）に助言した。「あなた自身があなたに権利があり、あなたの妻はあなたに権利がある。」

これは中庸の道であり、決定的な言葉である。しかし乾いた抽象的（無知）な道では、何回知識を獲得する機会を逃したことか。そして知識で得る報奨は、行動で得るそれの何倍かである。学者は道を知っているが、無知な礼拝者はそれを知らない。後者は朝から夕方まで歩き回るが、前者は夕方の少し前に立ち上がり、それから両者は相まみえるのである。学者は遠くから足早にして、追いついたということになる。

これは一体どういう意味なのか、と聞く人もいるだろう。私は答えて言う。礼拝の姿は実はアッラーに対するご奉仕であり、帰依行為である。しかし多分、礼拝（を一途にする）者はその意味が分かっていないのだろう。彼はアッラーの手において尊厳があるとか、あるいはアッラーの手に接吻する権利があるとか、また多くの人よりも善良だろうと考える。そうしたことすべては、彼の知識の少なさのためである。ここで私は知識とは、知識の原理の理解という意味に使っている。いろいろの物語を読んでいるとか、あるいはさまざまな見解に精通しているといったことではない。

そこでそういう原理的な学者が一端ことを始めると、彼はその性向や人間関係の良さや、あるいは低い姿勢や人々をアッラーに向かって指導することによって、礼拝一途の人を追い抜くのである。礼拝専一者にはそういった長所はなくて、無知で夜を通じて眠っているのである。彼は結婚しても乾いた関係に至り、その妻の要求を飲むでもなく離婚するでもなくして、雌猫のように捉えてしまい、食事を与えることもしないし、外で虫を取れるようにもしてやらないのだ。

　預言者（アッラーの祝福と平安を）を考えてみると、確かに彼は人間として完璧であった。権利を持っている人には、全員その権利行使を認め、力を発揮させたのであった。時には冗談を言って、笑い、子供と遊び、詩を聞いて、比喩で語り、女性とも共同生活は順調で、与えられ出来るものは食べ、蜜のようにおいしいものや甘い水を口にして、日陰のための覆いを拒まなかった。後代に聞くこととなる、神秘主義者のような無知な者や禁欲主義者のように、完全に欲望を断ってしまうようなことはなかった。熟れた瓜を食べ、（家族に）接吻し、舌なめずりすることもあり、身を飾る品々も求めた。

　大麦のパン、食料の計量（減量）、節食、おいしい食物を避けることなどは、心の迫害であり、体の破壊である。それは理性が欲しているものではないし、宗教が称賛するものでもない。しかし人は（不浄の）疑いが生じればその摂取量を減らし、あるいは混じっているなら、その食料は畏怖心から避けるだろう。いずれにしても預言者（アッラーの祝福と平安を）自身は帰依行為を十分にして、夜の礼拝や唱念をしっかりしていた。

　そこであなたは、彼の最善の方法と疑念の生じない彼の規範に従うべきで、禁欲者たちのあれやこれやの話は聞き捨てるように。ただし最善のラクダの荷物入れに入れて（最良の扱いをして）、出来るだけ彼らにも口実を与えるように。しかし口実もないようであれば、彼らは預言者の行為によって論破されることとなる。というのは、その行為というのは、人間としての模範であり、彼は識者の指導者であるからだ。その法規範に背くこと以外で、人々が腐敗したことはあっただろうか？

神秘主義者と禁欲者の惨状の原因は、彼らが法規範の網を破り、それを越境してしまったことにある。人によっては敬愛や情愛を語るが、しかし愛されるお方を知らないのだ。彼らは叫び、助けを求め、法規範を呼び掛けつつも、それから出るために服を破ったようなものだ。

ある人は常に断食をして飢えの状態にあるようになった。預言者（アッラーの祝福と平安を）は、アブドゥッラー・ブン・アムルー（既出）に言った。「一日断食して、一日は食べるように。」それに対して彼は、それよりもっと良い方法が望みだ、と言ったのに対して答えた。「それより良いのはない。」

ある人は家を出て、方々を旅した。そして社会との接点を失った。

ある人は、礼拝し断食しても、知識の書籍を埋めてしまった。埋めることは酷い間違いであるのは、人は忘れがちであり、いつも思い出させてもらう必要がある。書籍は本当に、思い出させるのに素晴らしいものである。（ジンの）イブリースが人の心に入ってそこから悪さをするが、書籍を埋めて知識の灯火を消そうというのである。そうして礼拝者は暗闇を行くこととなるのだ。

ある男が学者に、私はアカーム山に行きたいと言ったのに対して、次のような素晴らしい応答があった。「それはハイカルと言われ、その言葉は俗語だが、その意味は無職で怠慢という意味だ。」事実、禁欲者は洞穴にいて、自らを埋めてしまったようなものだ。それも人々に益することがなくならなければいいのだが、広く裨益《ひえき》し、葬式に参列したり病人を見舞ったりする社会性をなくしてはいけない。

彼らは臆病と言えるが、他方勇気ある人は学んで教えている。それが多くの預言者たちの立場であった。

あなたは出来事が起こった礼拝者と法学者との間には、大きな隔たりがあることが分かるか？ アッラーに懸けて、人が礼拝だけをしていれば、イスラームは失われてしまう。帰依行為の意味を理解するならば、礼拝と断食に終始することはないだろう。ムスリムの需要を満たすべく働く人たちもいるが、そういった帰依行為のあり方の方が、一年を通じる断食よりも好ましいのだ。

行動は体の外の尽力である。しかし知識は、理性、思考、理解といった（内部の）尽力なので、より高貴である。ではどうして孤立する人たちを批判して、彼らの礼拝を拒否するのかと言えば、私は批判しているのではなく、彼らの行為の原因は唱道に関する無知であり、その惨状の原因は彼らの無知であるということだ。そして彼らはしなくても済むことをしているのであり、またそれをアッラーに命じられたわけでもないのだ。

極端なケースでは、自分を痛みつける行為は絶対に美徳だというのだ。馬鹿げたことだが、次のような話もある。浴場に入ったら、そこは不注意のままだったが（清掃されずに汚れていた）、アッラーを賛美することとし外には出ないことにしたという。結局その人は、最後には病気になってしまったそうだ。この男はすべきでないことをしたということになる。

神秘主義者や禁欲者の中には、衣服ですっかり満足している連中もいる。しかし内部では全く無知の極みだが、それについてはこの書物で扱うこともないだろう。アッラーがこういう人たちを地上から追い払い、彼らに対抗する学者を支援されるように祈願する。本当に世の中の大半の脳足らずは、そういった連中である。学者が拒否しても、世間は逆に無知でもって学者に楯つくこともある。

私は多くの礼拝者がアッラーを賛美し許された儀礼に努めていても、口にする言葉が全く預言者伝承にも見当たらないものであることも見てきた。あるいは、このようなこともある。私はある日、礼拝する人たちを見たが、ある禁欲者の男が礼拝指導者のイマームを立てて、自らは集団の中でイマームの後ろにいた。午前の礼拝をしていたのだが、大声を出して（唱えて）いるのだった。そこで私は、預言者（アッラーの祝福と平安を）は日中の礼拝を静かにするように言われたはずだ、と言うと、その禁欲者は怒って、この人は何回拒否すれば済むのだ、と言った。「時には誰彼が拒否して、また他の時には誰彼が拒否してくる。われわれが大声を上げるのは、眠らないためなのだ。」それに対して私は次のように言った。「驚いた、誰があなた方に眠らないように言ったのですか。（著名なアルブハーリーとムスリムの）両伝承集には、アブドッラー・ブン・アムルー（既出）からの伝承として、『礼拝に立って、またそれから眠るように』と出ている。また預言者自身も眠るようにしており、実際睡眠を取らなかった夜はなかったはずだ。」

また私はジャーミウ・アルマンスール（マンスールの大マスジド）で、ある男性でフサイン・アルカズウィーニーと呼ばれる者が、何時もしきりに歩き回っているのを見て、その理由を聞いた。彼が答えて言ったのは、「眠らないためだ。」ということであった。こういったことすべては、知識の欠如から来る馬鹿げたことに過ぎない。十分の睡眠を取らなければ、理性は働かなくなり、訳が分からなくなって、礼拝から期待することも逃してしまうだろう。

ジャーミウ・アルマンスール周辺に住むカスィールという名前の男の話を、信仰正しい人たちから聞いた。その男はマスジドに入って、人々に言った。「私はアッラーにあることで誓約したが、それを破ったので悔悟して、四〇日間食べないことにした。」最初の一〇日間はあまり変わらずに集団で礼拝していたが、次の一〇日間は弱り始めても何とかごまかしていた。

さらに次の一〇日間は、礼拝をするにも座ったままでした。最後の一〇日間は、倒れてしまった。そうしたら果汁がもたらされたが、それを飲む時には喉の当たりで水がフライパンに落ちるような音がした。それから余り経たずに、彼は他界してしまったそうだ。

それを聞いて私は言った。「アッラーよ、何という驚きか。無知はその所有者にどんなことをしたのか。明らかに彼は、アッラーのお赦しがなければ、地獄の火の中だろう。もし彼が知識を持って学者に聞いていれば、教えてもらえただろう。彼は食べるべきだったのであり、彼のしたことは禁止（ハラーム）されていた。しかし最大の無知は、知識に対して横暴であったことだ。」

こういった事柄は、徐々に影響を及ぼすものだ。最初期の世代には、こういった事例は全くなかった。教友たちは、そのようなことはしなかった。彼らは利他的で、腹一杯は食べなかった。食べ物がなければ、辛抱した。だから従うべき模範が欲しいのであれば、それは預言者（アッラーの祝福と平安を）と教友たちであり、彼らは癒しであり、目標なのだ。

理性ある人は、有名な人々の真似をいつもしなくても良い。アブー・ヤズィード（八四九年または八七五年没、ホラサーン生まれのイスラーム学者）がこう言った、あるいは、スフヤーン・アルサウリー（七七八年没、クーファの禁欲主義者）がこう言った、とばかり言うのではない。模倣者は盲目であり、盲目の者自身が、杖を持つことを幾度批判したことか。

以上のことを理解した人は、さらに良くて高いものを求めるといい。アッラーこそは成功に導かれるお方である。

【註】神秘主義者や禁欲者は、しばしば過激な行動に出ることを批判している。また彼らは、知識を重視していないことも批判のポイントである。そのために本節では、多岐にわたる事例が出てくる。中庸の道である預言者のあり方が改めて強調されているのは、結局のところ預言者の道は、アッラーへの道であるということである。「あなた方がもしアッラーを敬愛するなら、わたし（預言者ムハンマド）に従いなさい。そうすればアッラーはあなた方を愛され、あなた方の罪を赦されるでしょう。」（三：三一）底本一六二番。

九、死去への準備

死がやって来るというのに、その準備をしていない人ほど馬鹿げたことはない。一番馬鹿げていて不注意なのは、六〇歳を過ぎて七〇歳に近づいている人である。その間の期間は、運勢の戦場である。戦場を離れたら準備すべきだが、その準備を怠っている不注意な人がいるのだ。若者は歳をとったら罪を犯さなくなると言うが、年寄りはどう言うのだろうか。

年寄りの笑いは意味がなく、冗談も意味が冷たい（意味ない）。世間に向かえば世間は、年寄りが力もなく意見も弱いとして遠ざけるのだ。六〇歳に居場所はあるのか。七〇歳になるのは一苦労だし、立とうとしても地面を手で押さなければならず、歩けば息が切れるし、座って深呼吸する始末だ。世間の快楽を見てもそれらを享受することはできない。食べれば胃がもたれるし、消化は悪い。性生活でも女性を傷つけるし、病気になればなかなか力が元へ戻らない。その人は、捕虜のようなものになる。

八〇歳に至ることを望むなら、その人は幼児のようにはい回るのだ。理性ある人は時間の分量を知っている。成人する前は、責任もない未成年だ。ただ幼少でも才能に恵まれて、栄誉と知識を得ることもある。成人となれば、その人は妄欲と戦い、知識を習得する時期となったということである。そして子供ができたなら、時はまさしくその生計のために収入を図るということだ。四〇歳ともなれば頂点を過ぎたので、（右肩上がりの）期限切れとなる。それはあの場所（来世）への下り坂である。若者が階段を上《のぼ》り、四〇歳で下《くだ》り始めるようなものだ。

四〇歳になれば、もう来世への準備に関心を集めて、あの方の両手の間（最後の審判）に注意を払い、死去に備えるものだ。もちろんこのことは二〇歳の青年に言えなくもないが、しかし若い間は取り返しがつくものである。六〇歳ともなれば、アッラーも期限が来たとして、時間の方に軍配が上がるだろう。その人は全身でそのために糧を集めて、旅立ちの準備をすべきである。そして毎日は予定外であり、戦利品のようなものである。ましてや、弱くなりそれが進む場合はそうである。

年齢が進めば進むほど、帰依の行為を増加すべきだ。ましてや八〇才にもなれば、別離しかないのであって、（諸義務の）看過に悔やみ、あるいは弱まっても帰依には励むということである。偉大で荘厳なアッラーに祈願する。完璧な覚醒で不注意の眠りを覚まし、あの世行きの日には、後悔しないような正しい言動ができるようにと。本当に、アッラーは導かれる方である。

【註】現代とは年齢に差異があるのは当然だが、一二世紀のバグダッドでも人生サイクルをほぼ同様に考えていたことは間違いない。異なるのは、現世と来世で絶対主という軸が与えられているかどうかということがある。ただその軸が与えられているとしてもその分かりが悪くて、ふらついていた人が少なくないのは、何とも共感を呼ばざるを得ない。イスラームの中世社会における、宗教的現実である。底本一八九番。

一〇、最も貴重なものはアッラーの覚知

存在の誉れ（高い価値）を知る人は、その最良のものを知るべきである。人生は貿易の季節のようなもので、広く一般に言うとおり、軽くて値の張るものを求めるように。そこで目覚める人は、一番最良を求めるべきだということになる。

この世で一番貴重なものは、偉大で荘厳な真実（アッラー）である。旅する人の中には、目的地にたどり着く人もいれば、（眼前の）利潤を達成しようとする人もいる。また中には愛人を喜ばせるものを探すかも知れないが、その人は交渉の場を求め、それが受け入れられれば嬉しく思うだろう。彼にとってはどんな商品も、それ以上のものではないのだ。

他には自分の弱さを認めつつ、自分は（正しい）道のりを求めていることについて感謝する者もいる。また人によってはこういった状況（段階）を乗り越えて、行動を重視するのではなく、その道にあることだけが貴重と考える人もいる。

しかしそういった人たちは少数派で、彼らの位階は最高だが、一方グリフィン（黄金を守る鳥）のように子供は少ない。

【註】純粋に真実の道を歩んでいる人は、そういう状態にあることだけで満足できるということで

ある。何をして、何をしないかということは、意識以下に置かれる。アッラーの下にいることが生きることのすべてという状態は、日本仏教でいう妙好人に相当するのであろう。何をするにも、ビスミッラーを唱えて、一日終始しているといった情景である。底本二一三番。

一一、アッラーの本質を知ろうとすること

最も驚異的なことは、アッラーの本質、属性、そしてその行為に関して知り尽くそうとする人がいるということである。しかしそれは、一般論を除いてはあり得ない相談である。論理派はそれに首を突っ込んだが、何も起こらなかった。そこで理性ある人々は、撤退することとなった。（文献に縛られず）自分の見解を重視する一派も同様であるが、類推法に頼ったが多くのことが望みとは逆の方向に行ってしまった。逃げ場所としては、やはり撤退しかなかった。また同時に、反対を唱えていた事項に関しては推奨されるものとした（緩和した）。広くイスラーム法学者たちはできる限り論考するが、それが難しいとなると服従するのである。しかしそれは、奴隷の仕方に過ぎない。

一方、どうしてそのようにしたのか、あるいはこれはどういう意味か、といった質問をする人たち（神学者）は、王権者（アッラー）の秘密に迫ろうとしているのである。でもそれは

全く不可能であるのには、二つ理由がある。

第一には、アッラーは、創造された人類に関しては多くの知恵を明らかにされなかったということ。第二には、人類にはアッラーのすべての知恵を認識する能力はないということ。そこで異説を述べる人たちにとっては、反論ではなく不信仰に走るより他ないということになる。

「誰でも現世と来世においてアッラーが、かれ（ムハンマド）を助けないと考えるなら、その人に天へ縄をつなげさせて、（自力で天《てん》へ上《のぼ》らせアッラーの助けを）切り離させなさい。それからその方法が、その人が怒るもの（アッラーの助け）を（ムハンマドから）追い払うことができるか（できないが、そのことを）、かれに分からせてみなさい。」（二二：一五）

その意味は、誰であれ私（アッラー）のすることに喜悦しないならば、自らの首を絞めさせなさい（迷いの道を行く）、そして私は（引き続き）自ら欲するように行動するということである。

【註】本節の背景としては、論理的神学論争を闘わせたムウタズィラ派や、クルアーンと預言者伝承以外の法源として個人的見解を大幅に認める法学派などが暗躍していた。法源は厳しく考えるハンバリー法学を奉じる著者の立場を反映しつつ、結局はアッラーに直球を投げる姿勢

を堅持し強調している。クルアーンに次のようにある。「信仰する人たちよ、あなた方に明らかにされたことを、問い正してはいけません。（逆に）あなた方を悩ますかもしれません。」（五：一〇一）教義の真髄部分、特にアッラーに関しての詮索は不要であるのみならず、それは不信の種をまく恐れのあるものとして、回避するのも知恵であろう。底本二四六番。

一二、あなたの現世を来世で売れ

楽園での永久ということを熟考すべきである。清純であり、汚濁はない。間断ない甘美さであり、あらゆる望みは果たされる。まだ目が見たことがないものや、耳が聞いたこともないものが追加される。あるいは人の心に浮かんだことがないものもある。それらはすべて、何らの変化も、終わりもなく存在するのだ。一〇〇〇は一〇〇〇年とは言われず（アッラーの一日は人の一〇〇〇年、二二：四七）、一〇万を一〇〇〇とも言われない。そこでは何千の何千年という数えきれないほどの数があって、その終わりはないのである。楽園の存続は、無限なのである。

それは現世との比較でよりはっきりする。人生はせいぜい一〇〇年で、初めの十五年は若輩でもの知らずの年齢、そしてもしあるとしても七〇歳より後は三〇年間で、それは弱さと障害に見舞われる。（現世の）期間中の半分は寝ているので、残りの時間は食べたり、飲んだり、仕事したりである。そして礼拝時間は限られたものである。

この僅少な時間で、あの永久を買わない手はない。この売買に反対するとすれば、それは刑罰に相当する詐欺であり、アッラーの約束に関する内心の信仰上の欠陥である。（その契約を知っている者が）方法と何がそれによいかを知っている人で、それがまずくならないように警戒してくれる
ジンのイブリースのする悪さの中でも、知識が身に付かないという病を禁欲者たちの中に差し挟んだ。それはまるで暗闇の中で灯明を消して、その間に盗みを働こうというのである。実際のところ、学者の一団を取らえて、知識が禁じるものに導いたのであった。

アブー・ハーミド・アルトゥースィー（・アルガザーリー、一一一一年没）が自分について、その著書の中で言っている。

私は有名な神秘主義者に、継続してクルアーンを読誦することに関して質問してみた。そうしたら彼は、それを（いつも通りには）しないようにとの回答をした。彼が言うには、その方法のためにはこの世との関係をすべて断って、自分の心では家族も子供も財産も学識も忘れろということであった。そしてそれらがあろうが、なかろうが、どちらでも同じだというまで頑張れと言う。それから隅っこに一人で行き、儀礼は義務的なものと専念没頭の修行の

ために限り、心を無にして、座ってアッラー、アッラーと言い続けろと言うのだ。そのうちに、舌を止めてもまだ言葉は出て来るように思うほどになる。そうすると預言者や指導者たちに生じたようなことが起こるのを感じるだろうと言うのだ。

それに対して私（イブン・アルジャウズィー）が思ったのは、助言者の言葉として私は驚かないが、しかしクルアーンを読んではいけないというのには、彼の知識と理解に鑑みて驚かざるを得ない、ということだった。クルアーンを読誦することは、正道を妨《さまた》げるものなのか。預言者の道が開けた（直観した）のは、彼ら（祖先）の尽力と実践の賜物だったのではないのか。これらの者の言うようなやり方で、本当に信用できるのだろうか。

そして開かれる（直観する）とは、何がそうなるのか。それは見えないものの知識を得ることか、あるいはそれは啓示なのか。これらすべては、イブリースが人間に仕掛けた戯れに過ぎない。彼らが想起したのは、精神的な幻滅か、あるいはイブリースのささやきなのではないか。

それはそうと、知識は重要だから、祖先の仕方を見なさい、彼らはこのような仕方をやったのであろうか、それともそのような命令を受けたのであろうか。とんでもないことで、彼らはクルアーンや学術書を読んで、内心の改良と浄化に努めたのであった。偉大で荘厳なアッラーにお願いする、益の多い知識を授け、敵を防げるように。アッラーこそは有能である。

【註】来世志向は、イスラームの基本的な底流である。その実践方法として、神秘主義は多数の独自の訓練方法を編み出したが、イブン・アルジャウズィーはそれらに否定的であるとしている。なお細かくなるが、底本では「アブー・アフマド・アルトゥースィー」とあるが、本節ではヒンダーウィーの校訂本に従って、「アブー・ハーミド・アルトゥースィー」とした。底本二五一番。

一三、一人でアッラーを想うこと

懸念を招集して精神を正そうとするならば、この時世では人との交流に用心しなければならない。というのは、かつては交流で得られることもあったが、今日ではそれが有害なものになっているからだ。そして私は何回も孤独の家に精神を取りこんで、それを集めた（強くした）。さらに祖先の諸行を見直したのは節食にあり、その見直しは薬のようなもので、交流を節食し（控え）それと薬とで効果が上がるのであった。

ところが人と一緒になり、合流したり会見したりして心を開くと、せっかく集まった心はバラバラになり、手当をしていたものに不注意となり、目で見たもので心に刻印が押されてしまうのだ。意識には耳が聞いたものが、そして精神には俗欲がはびこる。なぜなら交流する人たちは不注意の塊で、彼らとの合流でその性向が乗り移ってしまうのだ。

そうなるといくら心を呼び戻そうとしても、それはもう見つかりもしない。そんな（交流の）場所に顔を出したことを自分で非難し、それまで（の静かな精神の充実）を失うのであった。そのような人との会見の影響が続いて、それから何日かしないと調子は回復しないのであった。

建物を壊して、何になるのか？　孤独の継続は建設に当たり、祖先の諸行を顧みることはその建物の建立に相当する。（人との）交流があると長い間かけて建造したものを、一瞬にして失うこととなり、それを再び組み立てるのは難しく、また意欲も弱まるだろう。（事態への）理解力を持っていて、心の病気を知り、主人に反対を唱えることで鳥が籠から飛び出さないようにできる者だけに（再建は）可能だ。

その病気は人を崩壊に導くかもしれないし、鳥は網に引っかかり捕獲されるかも知れない。心の病の原因は、（従来は）交流を節食していたし、知識と祖先の諸行から栄養を得ていたが、今度は交流したのでその混じり合いに耐えられず、病気になったという次第である。

だからよほど真剣にならなければいけない。数日もすれば、誰と会うのか分かり、そして誰から得られるのかを知り、また誰との会見から裨益《ひえき》するのかも判明するかもしれないのだ。

そういうことを知れるのは、本当はめったにないことだ（交流する人を選ぶテーマでは、次の詩に歌われる）。

同僚にはわれわれが追い出すべき、ワジュドゥさんの兄弟はいなくて、
　ナジュドゥさんの話には、われわれが同伴すべき友はいない。

だから孤独を守り、精神の残りを手当てしなければならない。そしてもしふらつく心で人を恋しがるようならば、それは堕落の証拠なので、人との会見は望ましくないと思うまで、矯正しなければならない。創造主とすべきことがあるならば、雑踏は好まれないはずだ。（ただし俗欲が出て）愛人と一緒なら（雑踏も気にならないので）、他の誰がいようとも気にならなくなるだろう。イエメンへの（貿易の）道を愛するならば、シリアには目も向けないだろう。

【註】本章第四節で、『徒然草』の「山寺」の話も引用して人里離れる嗜好について記した。ここでもアッラーとの孤独の生活を再び勧めている。厭離穢土の発想に近いともいえる。こうなると、砂漠や岩山の洞窟が孤独の成立条件を備えていることに関心が集まることとなる。イスラームの精神的な純粋性と自然環境の関連であるが、昔からある論点だ。底本二六一番。

一四、主の実在

至高なる主よ、あなたは創造のために一度は現れて、その後姿は見えなくなった。そして一度も現れたことがないかのように、隠れたままだ。それは期間限定の登場であったが、今となっては被造物を通して分かるが、それらの被造物は全員、自分には製造者がいて知恵の法則に従って、創造主は自分を整えてくれたと話すのである。

だから人間を例にとると、一滴の液体から創り、素晴らしい形状を与え、理解と知能と覚醒と知識を授けた。人間のために地面を広げ、水や風を送り、作物を育て、その上に空を持ち上げて、日中の間、太陽という灯明をつけ、休息のために暗闇を設け、隠されることのないさまざまな事象を示した。

それぞれがきっちりした言葉で、創造主を立証している。至高なる創造主はこれらの活動をして姿を明らかにされたのであって、隠されるものはない。そうして世の中で貧者として使徒たちを遣わせたが、彼らの身体は弱く、それでいて強力な人々を従えてきた。そして彼らの手を通じて、人間の能力には見られない奇跡の数々を示された。これらすべては真実を指し示し、それでもって至高なるあの方は顕在されるのだ。

そこへムーサーが登場して海を分けたが、それは創造主がされたということに疑問がなかった。イーサーは死者に話しかけて、彼らは復活する。また創造主は鳥たちを派遣されて、それが投げる石で地獄行きの者たちを破壊して、自分の館（カアバ殿）を守られた（クルアーン一〇五章参照）。

これらは長い話になる。すべては創造主の存在を明らかにして、至高なるお方に隠されたところはない。そして何らの疑問もなく智者たちにそれらが確かになると、次は創造主（の知恵）が秘められている多くのことが生じて来た。例えばすでに述べたように、主の敵を支持者よりも強くされることもあるのだ。

そして何らの解釈の余地もない証拠で実在が確かめられれば、姿を隠されたのには何か知られない秘密があることを知るに至る。そこで理性は知恵者に降伏することとなる。服従した人は平安になり、それに反対した人は破滅するのだ。

【註】現世のすべての事象は創造主の実在の証拠であるが、それらに覚醒し、主を覚知できるかどうかは予断を許さない。読者は、ここに大きな緊張感が走るのを覚えることができるだろうか。本節はそういった場面を頭に描いておくために記されたともいえよう。本節はまた、理性と信仰の関係という古くて新しい問題への考察にもなっている。理性の尽きた先には信仰しかないという整理もあるだろうが、理性そのものが被造物であることも、イスラームでは

確かな話である。いずれにしても科学と宗教は対立し、矛盾するものではないという捉え方である。底本二七五番。

一五、最善のアッラーへの嘆願はアッラーを通じること

ある名士に、あなたはあの日、とても良くして下さったと言った男がいた。それに対して、その名士は、そのように（過去の行為を挙げて）私たちに要請してこられるのは、大歓迎です、と答えた。そしてその要請に応じたのだった。

私（イブン・アルジャウズィー）はそれを聞いて示唆を得たので、自分のアッラーへの嘆願ではこう言った。

「主よ、あなたは幼少の頃より彼（自分のこと）を導き、過ちから保護し、多くの罪から守り、幼少だから知識の誉れも知らないからではなく、あるいは父親への愛情からではなく、彼に勉学することを教え、それを理解し執筆するように教え、それらを集めるようにさせたが、それには苦労も人々に懇請する辱めもなかった。そして敵から守り、強者も狙って来ることはなかった。そして彼には他の人以上に、一人には背負いきれないほど諸学を与え、さらにはあなたを知って愛するという心を彼に与えられた。あなたを証明する素晴らしく優し

い言葉も与えられた。また人びとが彼と彼の言うことを受け入れるように、彼の心を準備された。彼の言うことは疑われず、それをもっと聞きたく、それには嫌気がささないというのである。

意味ない人とは接触しないでいいように、孤独を与えられ、そして時に一人で読書をして、時にはアッラーへの嘆願をさせてくれた。もしあなたの彼への恩恵を数えるならば、それはとてもできるものではないのだ。（クルアーンに言う。）『だからアッラーの恩寵を数え上げても、あなた方はそれを数えきることはできません。』（一四：三四）

私がお願いする前に良くされるお方よ、あなたにお願いしているところなので、私をがっかりさせないでください。以前に頂戴した恵みを通じて、あなたに嘆願する。」

【註】第三者への恩恵を介して、アッラーに嘆願するかたちを説いている。嘆願の言葉は日本のそれと比べると、相当いつも饒舌である。能弁ともいえよう。イブン・アルジャウズィーはきれいな声で知られたが、出来れば一度彼の講演か説教を聞いてみたいものである。底本二八五番。

一六、現世は試練

人が作業（創造）の目的を知らないのは、実に馬鹿げている。彼の求めているものとは、真逆に創造されているからである。理性ある人は必要なものの逆で落ち着くべきで、そうするとその達成を祈願していたのは、その祈願を通してアッラーに服従していたということになる。

もしその祈願が実現すれば感謝を捧げねばならないが、実現しなくてもそれに固執するのはまずい。というのは、この世はそのような祈願達成のためにあるのではないからで、自らにこう言い聞かせるべきだ。

「あなた方は自分たちのために善いことを嫌い、自分のために悪いことを好むかもしれません。」（二：二一六）

求めているものの逆に対して心中で不満に思うことは一番馬鹿げており、それは主の意向に異議を唱えていることになるかも知れないし、またはさらに、自分の必要なものは何も害することはないのに、嘆願は実現されなかったとまで、口にすることになるかも知れない。そうすることはもちろんその人の馬鹿さ加減を示し、あるいはその人の信仰や（主の）知恵への帰依の少なさを示しているのかも知れない。

実際その人の求めているものが実現しても、その後から不満足な状況にならなかった例はあるのだろうか。元祖のアーダムは楽園で良い生活をしていたのに、その後そこから追放されたのであった。ヌーフは息子が助かるように祈ったが、それは達成されなかった。（アッラーの）友（イブラーヒーム）は（息子を燃やす）火で試されたし、イスマーイールは犠牲に付されそうになった。ヤアクーブは息子（ユースフ）を失いかけたし、ユースフは妄欲（女性の誘惑）と闘った。さらにアイユーブは病と、そしてダーウードとスライマーンは反乱と、いった調子で預言者全員が試練をそれぞれ受けた。ムハンマド（アッラーの祝福と平安を）については、空腹、損傷、きつい生活などなど、周知のとおりである。

現世は試練の場なのである。だから理性ある人は忍耐で修練すべきで、もし必要とするものが入手できれば、それは親切心（アッラーの恩寵）であり、恐らく実現しなかったものこそが人の根本であり、現世の自然ということである。詩に歌われる。

それ（現世）は汚れに染まったが、塵やごみを除去して、あなたは清浄を望む、

毎日がそれと真逆なのは、水の中に火種を求めているようなものだ。

こうして信仰の力と弱さが示される。そこで信者には、主への服従とその知恵に裁いてもらい、その人の病の薬として使用させることにしよう。また主が預言者に啓示されたことであるが、「あなた（ムハンマド）が決めることではありません。」（三：一二八）

実現しなかったのは、それはアッラーがけちだからではなく、その人の知らない何らかの利益のためだと考えて、心を静めるべきである。またそれは求めていたものとは違っても、忍耐した人には何らかの報奨を与え、主に服従して喜悦した人びとを知るためでもあるのだ。また試練の時間は短くて、求めているものは保存され、すぐ後から着手されるのである。こうして暗黒の闇は消え去り、報奨の暁が明け始めるだろう。

また人の理解が向上すれば、信仰により（求めたものが与えられなかったのは）至高のアッラーがそう意図されたのであって、主が求められるように自分も求め、命じられるところで自分は喜悦するということが分かるようになるだろう。もしそうでなければ、その人は帰依の真髄からは遠ざかっているということになる。

こういったことが、求めることが果たせられなかった度に、熟考し適用すべき原理原則なのである。

【註】試練とそれに対する忍耐の重要なことは、繰り返される教説である。最後は、主が求められるものこそは、自分自らが欲するものであるということで、彼我の一致を見る展望が示されている。それ以外は帰依に欠陥があり、信仰薄弱ということになるのだ。信仰論の究極の宣告とも受け止められる。底本二九三番。

一七、理性はアッラーの賜物

自らは理知的であるので、創造主の（物事の背後にある）知恵に反対する人たちがいる。彼らに対しては、主の知恵を拒否するあなた方の理知は、その方からの賜物ではないのか、と問いたい。あなた方がそう言うことは、主は完璧な創造をされたのにもかかわらず、そこに欠陥があったと言っていることになる。それは不信仰に、醜さを積み増ししているようなものだ。

事始めは、イブリースであった。自分が創られた火（ジンの素材）は粘土（人間が創られた素材）よりも誉れ高いと考えたのだった。そうすることで、創造主の知恵に背反したことになる。この類の背反組には多くの名前が数えられる。

イブン・アルラーワンディー（九一一年没、イスファハーン生まれでイスラームに懐疑的な見解を表明）、アルバクリー（不詳、アルバスリーとする校訂本もある）、そしてあの悪漢アルマアルリー（一〇五七年没、シリアの瞑想的詩人）がいる。彼が言ったのは、イブン・アルハッジャージ（一〇〇一年没、シーア派の詩人）が馬鹿げているとどうして言えようか、実際に（存在の）時間の方が彼よりも悪い、いうことだった。

ここで言う「時間」とは何か、時間の経過自体は別に何もしないのだから、それは（時間を創造された）アッラーに背反することを意味しているのである。彼は死を急ぎ、死後は安らかに過ごせると考えたのであった。また彼は人の創造は苦難と疲労のためだけであって、身体は破滅するしかないと考えたので、結婚も儀礼の履行もしないように勧めたのであった。もしも彼が言うようであったなら、創造は無意味であり、一方ではアッラーはそのような欠陥に責めを負われないということになる。

「われらは天と地、そしてその間にあるものを、無目的には創りませんでした。」（三八：二七）

そうするとわれわれのために創造されたものは無目的でなかったのだが、われわれはアッラーを覚知し服従する（意義のある）ものなのに、われわれ自身は無目的に創造されたというのか。

このような無知さは、物事の表面的な観察に終わる類の理性的方法から生まれてくる。それは例えば、建物が崩壊するのを見ているに等しい（その背後に働いている知恵を読み取れない）。理性と言うものはそれだけでは、そういった（背後の）知恵を見破ることができないものなのだ。その知恵が示されたなら、そこで行われたことはなるほど良かったのだということを知るだけである。

こういった事例を挙げておこう。ムーサーに同行していたアルヒドル（賢人で知られた）が、小船に穴を空けたり、あるいは子供を殺したりしたことがある（それらの背後に働いていた知恵については、一八：六〇～八二参照）。動物を犠牲にしたり、パンを切ったり、あるいは食べ物をかんだりすること自体は何の意味もないように見える。しかし例えば、誰か人の栄養になるとすれば、それは動物よりも大切なので、その行為は是認されることとなる。しかし創造主の知恵を見破ることができない被造物の理性が、その創造主を崇拝することを求めている。これは真に、驚くべきことである。またそうであるから、そういった理性は、アッラーのされること（知恵で支えられている命令など）には異議を唱えられないはずである。こういった過ちについては、アッラーの赦しを請うのみである。

【註】理性とは、アッラーが与えられた論理的思考能力ということになる。「神は死んだ」（ニーチェ）あるいは「宇宙に神の居場所はない」（物理学者ホーキング、二〇一八年没、英国）という叫びが聞かれる。しかしホーキングも物理学ですべてが証明できれば、という前提である。神否定の唯物論は非人間的な共産主義をロシアに出現させたし、その非道性は全体主義としてナチズムにも繋がった。人間世界に絶対といえる不動のものはあるのだろうか。そのような疑念が絶対を求める心と表裏一体である。底本三〇七番。

一八、禁欲主義への疑問と彼らの説明

人によってはイスラーム法を避けるし、人によっては慣習に従いたがる。これを二組に分けて、学者と礼拝者を取り上げたい。

学者にもいろいろいて、人によっては現世の事柄に限定して、来世のそれは無知のためか、あるいは難しいということで扱わないのである。そういう人たちは知識を必要とするような大変なことはしないで、慣習に従うのである。そして学者なのだから間違いをしても赦されると考えるのだが、しかし知識はその人に対する論拠となるのだ。

あるいは他の学者の類型は、知識の外形だけを知っていて、その目的が分かっていない人だ。その中には、支配者に取り入って、権力の中に罪や不正を見ても、それらを拒否できないのである。さらには支配者を称賛するかもしれないが、そのように側近にいることで支配者が傷つくかもしれないのは、もし自分が正しくなければ、このような学者とは一緒にいなかっただろうと思うからである。大衆も傷つくのは、彼らは支配者の命令が正しくなければ、このような学者は近くに侍《はべ》らなかっただろうと考えるからである。

また預言者（アッラーの祝福と平安を）の子孫は、彼らの祖先のお陰で執り成しをしてもら

えると考えるが、その際には、ユダヤ人たちはイスラーイール（ヤアクーブのことで、イスハークの息子、さらにイスハークはイスマーイールの弟だが、両者は異母兄弟で、その父親は一神教を中興させたとして、イスラームでは極めて重視される預言者イブラーヒーム）の子孫であること（アラブ人と祖先は共通）を忘れているのだ。

他方の礼拝者については、大半の人は混迷状態にあり、正しい意図を持っている者であっても、その行動は正しい道から外れているのである。以前の禁欲者たちは醜い隠蔽に満ちた書物を著し、怪しげな陳述をして、イスラーム法に反する助言をしていたのであった。例としては、アルハーリス・アルムハースィビー（八五七年没、バスラの人）やアブー・アブドッラー・アルティルミズィー（九三二年没、ホラサーンの神秘主義者）、あるいは「心の糧」を著したアブー・ターリブ・アルマッキー（九九六年没）や「宗教諸学の再興」を著したアブー・ハミード・アルトゥースィー（既出、一一一一年没、アルガザーリーの名前で知られる）などである。

初歩者が目を開けて、これらの書籍の道を知ろうとすると、彼らは間違いに導かれるのである。その道のりは誤りの預言者伝承に基づいているからである。この世を非難し、しかし何が非難されるのかは定かではないのだ。そこで彼らはこの世そのものが非難されるべきと考えて、山中に逃げいり、そうして社会も金曜礼拝も喪失してしまうのだ。どんぐりや梨だけを食べては、腹痛に襲われる。または牛乳だけを飲んで痩せこけるか、豆巻き菓子（バクラーワ）とレンズ豆だけを食べるので胃痛を起こしてしまう。巡礼に出かけるには、まずラクダをその前に整える必要がある。賢明なトルコ人は、自分の食料の前に馬の世話をするのを見ないのか？

祖先や初期禁欲主義者たちの話を語り部たちが話して、（神秘主義の）弟子がそれに従うと傷つくかもしれない。そういった逸話に反論してその間違いを指摘すると、無知な者たちは、それでは禁欲者たちに歯向かうのかと言い返す。大切なのは、正しいことに従うことであって、名前だけが重鎮かどうかではないのだ。例えば、アブー・ハニーファ（七六七年没、ハナフィー派法学の祖）があることを説いても、それをアルシャーフィイー（八二〇年没、シャーフィイー法学の祖）が反対するかもしれない。要するにそういう場合も、証拠に依拠するということである。

アルマルーズィー（八八八年没、イブン・ハンバルの友人）は、アフマド・イブン・ハンバル（既出）は結婚を奨励していたと言ったところ、私（イブン・アルジャウズィー）はイブラーヒーム・イブン・アドハム（七七一年または七七八年没、アフガニスタン出身のスンナ派学者）は異説を唱えたと言い返した。そうすると彼は叫び声をあげて言った。「われわれは分岐点に来た。あなたは預言者と教友たちの道に従うべきだ。」

アフマド・イブン・ハンバル（既出）はアルハーリス・アルムハースィビー（八五七年没、バスラ生まれ）を批判し、サリー・アルサカティー（八六五年没、バグダッド生まれ）を拒否して言った。「『アッラーが文字を創られたとき、アリフは直立したが、バーは（横に長くて）平伏した』とあなたは言ったが、そんなことからは人びとを遠ざけなさい。アッラーは依《え》怙《こ》贔《ひい》屓《き》されないし、本当に誠実だ。」

大半の人びとは、イスラーム法にそっぽを向いており、禁欲主義者の言葉を彼らにとっての法規範と考えている。人が言うには、アブー・ターリブ・アルマッキー（九九六年没）は「祖先には食べ物を葉で計量していた人がいた。そして毎日減量した。」と言ったそうだ。こういったことは、預言者（アッラーの祝福と平安あれ）とその教友にはなく、彼らは満腹までは食べなかったというだけだ。自らに空腹を強いるのは、禁止されている。

人が言うには、ダーウード・アルターイー（七八一年没、クーファの禁欲主義者）は、スフヤーン（・アルサウリー、七七八年没、クーファの禁欲主義者）に言った。「もしあなたは冷水を飲むようにしているのであれば、何時死のうと思っているのか？」スフヤーンは、容器（土器）に水を入れていたのであった。（ダーウードは）魂もその命運の権利があり、熱水を飲むと胃を緩めて痛みも生じることを知らなかった。預言者（アッラーの祝福と平安を）は水を冷やしておられたのであった。

他の人（禁欲主義者仲間）が言った。「五〇年来、私は焼いた肉が食べたいと思っている、しかし清浄な金銭では、一ディルハムも見当たらないのだ。」

他の人が言った。「糖漬けの人参を食べたいのだが、（発生するアルコール分のため清浄でなくなり）うまく行くことはない。」

あなたは彼らが、鉱山を出て以来、一切の疑念が生じないような硬貨を望んでいるということが分かるか？

預言者（アッラーの祝福と平安あれ）が考えていたのはこういうことで、主を畏れることは善いとしても、過剰な負担にならないようにということであった。

ビシュル・アルハーフィー（八二七年没、バグダッドの神秘主義者）は言っていた。「私は伝承を教えたいが、教えない。」これは正当化しているようでも、正しくないものだ。人は結婚するように命じられているが、それは最も強い願望でもある（我慢するのはおかしい）。ビシュルはアルハーフィー（裸足）と綽名されるほどに、いつも裸足だった。しかし裸足は目を傷めるし、節制とは関係ない。預言者（アッラーの祝福と平安を）は、サンダルを履いておられた。

預言者（アッラーの祝福と平安を）と教友たちのあり方は、今日の禁欲主義者のあり方とは異なっていた。彼は時には笑い、冗談を言って、美しい女性を選び、妻のアーイシャとは駆けっこし、肉を食べ、甘味を口にして、甘い水を飲んでいた。教友たちも同様で、禁欲主義者のやり方は新規のイスラーム法のようであり、それは正しい道ではない。彼らはアルムハースィビー（既出）やアルマッキー（既出）の言葉に依拠して、教友や従者やイマーム（法学の祖）らに依拠しようとしていない（底本には、預言者時代の禁欲振りは有名で、イブン・アルジャウズィーは誤解しているとの脚注がある）。

彼ら（今の禁欲者たち）は、もし学者がきれいな服を着たり、美しい女性と結婚したり、日中に断食を破ったり、笑ったりすると、それで非難するのだ。彼らの意図は是認されるとしても、知識が足りないので（していることは）善い道のりを行っているとは言えない。八〇年間、床に着いて寝たことがない、あるいは、これから一年間水を断つといったことを言うのである。これでは正しいあり方とは言えない。魂にも権利があるのだ。

他方、悪い意図による場合で、俗欲のために見せかけの信仰であったり、（敬意を表させるため）手に接吻をさせたりするような人とは、話す必要もない。神秘主義者の大半はこういった部類である。彼らが派手な色の服を脱ぐのは、人びとがそれで飾りを取ったと見てほしいからである。こうして彼らにはきれいな服があるが、昔は服を取るのは貧困のためであった。彼らは快楽を求め、金銭に目がなく、疑わしい物品に手を出し、休息をしばしば取り、遊び、支配者に媚びるのである。彼らは十分正体を現し、昔の禁欲からは遠ざかったのだ。

何とも驚かされるのは、そういう彼らに金銭を支払う者がいるということである。

【註】禁欲という言葉は、あまり日本では日常的ではない。イスラームでは篤信に役立つ行為がまずあり、それと反対の禁止された行為がある。後者を避けることは、忌避と呼ばれる。禁欲はこれらの篤信と忌避の間に成立するものである。なぜなら礼拝を禁欲することはないし、他方飲酒を禁欲して飲酒することも認められないからだ。

本節では、禁欲主義者は理性の働きを殺している点が、批判の原点のようである。他方、禁欲への強い傾斜はイスラームの初期より伝えられている。預言者の家の軒（スッファ）に家のない人たちが雨宿りのために集まることがしきりであった。彼らは「軒の人」と呼ばれたが、信仰熱心でも知られて、預言者自身が彼らを見舞ったという。そこでこのスッファという言葉が、神秘主義（スーフィーヤ）の語源となったともされる。通常は神秘主義者たちがまとった上着の羊毛（スーフ）が語源とされる。いずれにしても禁欲は神秘主義の柱であり、それに独特の修行方法が編み出されて普及した。現代でもトルコ、中央アジア、ウズベキスタンなどで、神秘主義の息が吹き返しつつある。底本三六一番。

第三章　人生

人生論は日本ほどにはイスラームでは盛んではない。その原因は、人生街道はクルアーンや預言者伝承で、ほぼすべてが白日の下に明らかにされているからである。それでも人の子としての、悲喜こもごも種々の話題や多様な人間模様はある。

まずは著者自身の成り立ちと自惚れの告白という「独白」に関心が引かれる（一七節）。そして逸材育成の難しさは、二四節「海にある真珠」。心の問題は、四節「闘争」、六節「強化策」、一〇節「優しい心」など、生き方については、一節及び八節「時間」、一一節「中庸」、一二節「友人に用心」、一三節「人生は戦い」（短編だが人生全体の教訓）、一九節「孤独」、二〇節「精一杯」、二三節「自らを精査」、道徳については、二節「（主の）正義」、七節「高い志」、九節「誠実さ」、一四節「少なきをもって足りる」、一五節「謙譲」二二節「完璧さ」などがある。結婚生活については、三節「知恵とマナー」、二一節「妻への親切さ」、二五節「基本は愛情」。

人間社会である限り、現代日本とも共通の側面は少なくない反面、イスラームの傘の下では時間感覚も含めて、生き方はすべてアッラーに連動してくる。このような包括的で強靭《きょうじん》なバックボーンは、多くの疑問や迷いを不要なものにしてくれるので、羨ましくも思えてくる。

一、時間の大切さ

人は時間の大切さと価値を知らなければならない。そして（アッラーの）近く以外で一瞬たりとも無駄にすべきでなく、言動共にますます善くすることが必要なのである。また行動は伴わなくても、常に善意を維持すべきだ。「信者の意図は、行動よりも大切だ」とさえ、預言者伝承に言うのだ。祖先の多くはその実例を残してくれている。アーミル・ブン・アブドゥ・カイス（第一世代の伝承者、禁欲主義者で生没年不詳）が伝えて言うには、ある男が彼に、「自分に話しをしてほしい」といったところ、アーミルは、「太陽を止めてくれ」と答えたそうだ（太陽を止めて時間も止めてほしいとの意味）。

イブン・サービト・アルバンナーニー（七四五年没、バスラの第一世代の伝承者）が言った。

私は父の最後の言葉を確かめに行ったところ、父が言ったのは、「息子よ、放っておいてくれ、六回目なのだ（いつ命果てるか分からないが、既に五回の祈りは終わったので、今は任意で善行の積み増しの礼拝中の意味）」。祖先で死の床にある人のところへ訪れた人がいたが、彼は礼拝中だったので、訪問者は病人に言われてしまった。「今、自分の記録帳は閉められるのだから」と。

現世での善行は来世での報奨に預かるにしても、人はどんなにこの世で善行に励んだとしても、死後はそのような行為もできなくなる。そこでワクフ（信託財産）や植樹や運河の掘削《くっさく》や子孫（の繁栄）を、後までこの世に残る善行としてその実行に務めて、報奨を得られるようにすべきだ。あるいは学者は（アッラーに関する）知識の書物を著せば、それがその人の永劫《えいごう》の子孫ということになる。あるいは素晴らしい善行の人になればいい。そうするとその行動を見て、人は（死後も）それに従うようになるだろう。ということは、その人は死後も死なないのである。（逆に）多くの人は、死ぬ前に死んでいるのだ」

【註】タイトルを見ると、日本にもなじみのある内容を期待するかもしれない。しかし実は相当の距離を見いだすこととなる。時間がもったいないのは、誰にとっても最後の審判までに善行を積まなければならないが、そのための時間である一生は短いということである。この日本

との感覚上の距離感も、イスラーム世界の世界観や人生観を知るきっかけとなれば幸いである。なお一般には、マスジド（礼拝所）を建造すること（大半はワクフが設定される）、子弟を多く残すこと、本を書くことの三つは、サダカ・ジャーリヤ（恒常的な喜捨）として効果がのちのち残るので、別格なものとして奨励されている。底本一四番。

二、正義は偏らないこと

至高なるアッラーのなさることをよく考えると、それは正義（公正）の原則に則り、よく観察されて報いられている。時に猶予が与えられるが、それが許された人は誤解してはならない。最悪の罰が用意された最も醜い罪は、罪を犯してもそれに赦しを請い、そして礼拝し帰順の格好を繕い、見かけだけでご利益があると考えることである。一番酷い誤解をしている人とは、アッラーの嫌悪されることをしてからでも、自分の好きなことを嘆願する者である。預言者伝承に言う。「どうしようもない人とは、自分の妄欲を追っかけておいて、他方でアッラーに嘆願する者である。」

理性ある人は、いずれ報われることを知っている。イブン・スィーリーン（ムハンマド・、七二九年没、イラクの学者）は、ある男を馬鹿にしてこの破産者野郎、と言ったことがあったが、それから四〇年後には、自分が破産してしまったと言った。
イブン・アルジャラーィ（アブー・アブドッラー・、九一九年没、バグダッド出身の学者）は言った。「ある年寄りに髭がないので、私が見つめていた。そうしたらその年寄りは、何だというのか、その喜び（報いの罰）は必ず見つけることだろうと言った。それから四〇年して、私はクルアーンをすっかり忘れてしまったのだ。」

以上とは反対に善行をして、その意図を正す者は、たとえ時間がかかっても善い報奨を期待できる。クルアーンに言う。

「誠に（アッラーを）意識し、耐え忍ぶ人には、アッラーは善行者への報奨を拒否しません。」（一二：九〇）

預言者伝承にもある。「女性の装飾に目を伏せる人は、アッラーが信仰という報奨を与えられる。善行者への報奨を失念されることはないのだ。」

理性ある人は、正義（公正）の秤には、依怙贔屓《えこひいき》がないことを知っている。

【註】「あなたの主の言葉は、真実と公正で完結しています。かれの言葉を変えることは、誰にもできません。」（六：一一五）アッラーの言葉が公正・正義であるということは、アッラーの行為は全て言葉で伝えられている以上、彼自身が正義であるということにもなる。正義とはあ

らゆることに対して、当然で応分の境遇や待遇が与えられることを意味する。このようにアッラーは正義であることをしっかり心することは、すなわちアッラーは頼りがいのあるお方として、ますます帰依する動機となる。また人間の間の正義も、アッラーの正義の反映として維持することが、大きな道徳上の徳目として求められる。ただしこれは具体的な事案に即した個々の対応を指示するものではないので、実際の適用に当たっては解釈に幅が生じる。

底本一八番。

三、結婚の知恵とマナー

結婚から得られるものや、その意味や、その状況を考えてみた。そしてその最大の根本は、結局子孫を残すことだと思われた。というのは、生き物は分解されるとその一部は栄養素となるが、他の部分は消滅するだけだ。そこで消滅は避けられず、この世の延長を願い子孫が跡継ぎとしてもうけられるのだ。この目的を達するために性欲が創られて、結婚すると恥部を露わにしておぞましい姿を見せるようにもされたのだ。

ただこの目的にはもう一つ、精液を排出するという意味もあることに気付いた。それは長く体内に貯められると有害なものである。またそれは消化の第四段階で分離されて、最も純粋で優れた栄養素の髄として集積される。また血液や精液は生存と精力のために蓄積されるが、唾液も同様である。唾液も身体の一つの支柱である。それらは身体の消滅を恐れているかのようである。

精液が貯まり過ぎると尿の貯まり過ぎのように、体にとって有害となる。むしろ外見的な尿の場合の害よりは、精液の方が実質的に大きい害をもたらす。それが過剰に貯められて、長く保存されると、難しい病を引き起こす。それの蒸発したものが脳に入って、時に有毒物を生み出すのである。

精液であれ唾液であれ、それを出したいという正常な状態ばかりではなく、蓄積が少ないのであまり排出したいとは思わない場合もある。ただわれわれは正常な場合を考えており、あまりに蓄積が過ぎると病気や精神不安定といった障害を引き起こすということである。他方食べ終わってもまた食欲が湧いてくる人がいるように、集められて行動が生じて、排出してもまた（性交を）欲する人もいる。

私はその原因を探究してみた。そして考えたのは結婚相手に問題があるのではないか、ということである。それは醜さ、外見のまずさ、身体的な障害、本当は欲していない場合などがあり得る。そうすると排出されても、まだいくらか残っているのである。

これらの証明として、いくつかのケースを比較するとよい。例えば完全に性交の場所に入れて出す場合とそうではなく両足の間ですませる場合、あるいは処女とする場合とそうでない場合などである。したがって結婚相手を間違えなければ、精液は完全に出て快楽も完璧に味わえることになる。また若い新婚の夫婦であれば、若くない場合やあるいは性交をいつもしている者たちの子供よりも、元気で強い子供が生まれるのだ。近親同士の結婚が嫌われるのも当然で、それは自分の一部を犯している気持ちを抱かせるので喜びを幻滅させ、そこで無縁の人との婚姻が良いとされるのである。

そこでこの有害となる精液を避けるために、新たに結婚をすることが良いということになる。たとえ姿かたちは良くなくても、それ以外では生み出せない結果が得られるのだ。それを例えれば、パンや肉を腹一杯食べて、もう胃袋に余地がなくなったとしよう。しかしその人はそれでもデザートが出されれば食べるし、またそれよりいいものが出されれば、それも口にするかも知れない。この理由は、人は新しいものに惹かれるからだ。心は慣れたものよりも初めてのものを求める、新規のものを欲するということがある。だから心が望まないならば、何か新味を探すといいし、その新しいものに何か汚れを知らない真に求めていたものがあるかと期待するものである。

ここには復活の意味も出てくる。というのは、人の（求める）関心事が根のないもの（存在しないもの）であるならば、それは無駄なことになってしまうのだ。そこを理解しなければいけない。人は現世で出会ったものに欠点を見いだしたならば、何か新しいものを再び求めることになるのである。

そこで智者は言った。「愛人の欠点には盲目になるのが、愛情というものだ。自分の欠点を見る人は、それで手一杯となるだろう。」だから妻は自分が忘れられるほど夫を遠ざけないと同時に、飽きられるほどには近づかないのが良い。夫にとっても同様で、妻に飽きられずに、彼女の欠点が見え過ぎないようにしなければいけない。夫に自分の欠点を（不要に）見せないようにし、良い香りがするように気づかうことなどは、賢婦であれば周知のところである。またそのための教育も必要としないであろう。だが不注意な場合は、こういうことはあまり見ないので、夫は早晩遠ざかることになる。

もし立派な子弟を望むなら、結婚相手を選ばなければならない。妻になる女性をしっかり見て、心に響くところがあれば結ばれればいい。そしてどのようにして心に響いたかも、よく考えるように。愛情は心の問題だが、それは会わないではいられないし、一方会えないと、心は不安になり見たくてたまらなくなるものだ。これは愛情の頂点である。しかしそこに至るまでに、いろいろな段階があるものだ。

またもし女性の奴隷を買おうという場合は、何時もより良く見て、また注意して話すことができるなら、そうするように。そして（顔を）見るときは、口と目に美しさは宿ることを忘れずに。アフマド・イブン・ハンバル（既出、ハンバル派法学の祖）は、男性が女性と結婚しようという時には、顔以外も見るようにと書き記した。

もし結婚契約や女奴隷の売買契約を延期することができるのであれば、自分の心の憧憬《しょうけい》の度合いを確かめる方がいい。憧憬は目新しいものか、あるいは愛情が原因である。もし後者が原因ならば、結婚に踏み切るのがいいだろう。アターㇺ・アルホラーサーニー（七五二年没、従者、伝承者）は、「律法には出ているが、愛情のない結婚は、復活の日まで失敗と後悔になる。」と伝えた（底本によると、連鎖の起源は、ハーリド・ブン・サラーム、次いでその父親からアブドゥ・アルジャッバール・ブン・アビー・アーミル、スライマーン・ブン・アフマド、アブー・ナイーム、ハマド・ブン・アフマド、そして最後にムハンマド・ブン・アブド・アルバーキーを経由して伝えられたとある）。

それから選ぶときは相手の道徳（作法を含む）の良し悪しも見る必要がある。それは隠された側面である。外見はあまり意味がないとしても、道徳は緑の肥料である。立派な子弟が目的なら、さまざまな欲望は忘れることも重要であり、それだけ心から重要事項に取り組むべきである。移り行く諸事に惑わされることなく、基本的な重要事項に専心すべきである。それについては、預言者伝承に二つある。「怒りながら、裁判官は判決すべきではない。」、「夕食が夜の礼拝時に出されたならば、夕食を先に済ませるように。」

そこで身の内外共ちゃんとした女性を妻とする人は、彼女の欠点には目をつむり、近くて飽きられず、遠くて忘れられることもないようにしながら、妻には努力させるのが一番だ。そしてその妻は身を飾り、夫にとっては二つの目的（妊娠と子孫）を実現するように。それが願望なのだから。そしてすでに助言したように、随伴するようにしていれば、彼女で彼は満足するであろう。ただし彼がさらにもう一人娶《めと》ることができるならば、そしてそうすることで彼が一層他の娯楽や気が乱れることを忘れるというのであれば、それも良いであろう。

他方、われわれが集中しなければいけないとして心配した心のあり方を乱す、女性の嫉妬が問題になることを恐れるならば、あるいは新たな妻が夫の来世への祈願を妨げるのを恐れるならば、あるいはまた彼女が彼から畏怖の心境を離れさせようと求めるならば、その夫としては、妻は一人で良いのである。

多分にそのような見かけの良い女性に節操の正しさを求めるのは当たらないので、彼としては正しい女性をしっかりと守りかくまわなければいけない。しかし何か気に入らないのであれば、早々に交代を考えるべきで、それは安心材料になるだろう。しかし一人ですむのであれば、その方が善いに決まっている。もし別の女性が彼の目的に適しているというのであれば、交代である。もちろん愛する女性と結婚すれば、それで蓄積された液体は全て排出されて、子供も健全で、完全に望みが果たされる。

なお嫉妬心の恐れがある時は、女中の採用もあり得る。彼女たちは嫉妬心も少ないし、彼女らをなだめるのも妻よりは容易である。多くの妻を持って、その女性たちも忍耐強くした事例は多くある。ダーウードは、一〇〇人と結婚したし、スライマーンには一〇〇〇人の妻がいた。預言者ムハンマドやその教友たちにも複数いた。アリー・ブン・アビー・ターリブ（既出、第四代正統カリフ）には、四人の妻と、一七人の奴隷がいたし、その息子であるアルフサインには、四〇〇名近くの妻がいた。そういった諸例は切りがないほどある。もし私が述べたことをよく理解するならば、あなたは勝利するだろう。

【註】血液、精液、唾液などに関する当時の医学的な知識はあまり知られていないが、それらが健康を支えるとされていたようだ。また結婚をめぐるさまざまな慣行や習慣で耳目にしたことがないものも、当然多数あるだろう。結婚の根本課題は、子孫を残すことと言い切っている。また夫婦の間は愛情が基本だが、同時にある一定の距離感も必要だとしているところは、現代に通じている感がある。付かず離れずといった知恵であろうが、それは古今東西共通かも知れない。なおジェンダー問題が昨今盛んに議論されるが、本節はイスラームの制度論ではないが、実態を描写しているものとして、新たな素材を提供するのかも知れない。本節では女性の声が聞こえてこないところは気になる。底本二八番。

四、心の闘争

心の闘争について考えてみた。それは最高の闘争であると思った。そして学者や禁欲者の一部には、その意味を解せずに、全く心に本来の働き（欲望）を認めていない人たちもいることに気付いた。しかしそれは次の二つの理由から、過ちである。

第一には、本来の働きを認めないことにより、何か良くない欲望に駆られることがあり得るのだ。例えば何か許されていることを節制して、人の評判を得るとする。そうすると得られる称賛に心地よいものを覚えるのである。これはそのことを節制していない人に比較して、自分が節制しているので好かれていると感じるのであるが、そのような感覚は心理の深いところに埋められるので、それを取り出すのには、そのためのつまみ鋏《はさみ》が必要になるくらいだ。

第二には、われわれは自己保存するようにできているが、それは自分で評価するものに傾斜することが原因となっている。そうするとその評価するものを与えなければいけなくなる。その一部か全部が、結局自分が望んでいるもの（欲望）ということになるのだ。ところがわれわれは保存に当たり自己の代理人のようなもので、自己は（アッラーに）預託されたものに過ぎないので、その権能を制限するのは危険なことなのである。ましてや、厳しくすればその次は緩めなくてはならない。しかしきつくするばかりで、そのコントロールが難しくなることもある。

心の闘争は理性ある人が病気をしているときの、闘病のようなものである。治療のためには好まないものも口にするのである。苦いものに入れる甘いものは控えて、医者の処方するものを食することになる。そうして事後にさらなる飢えを味わうことがないように欲望を抑えるし、禁止された一口を控えるものだ。

同様に理性ある信者は、自己の手綱は離さないし、統制を忘れない。それどころか、その手でしっかり締めつつも、それを緩めることも時にはするのである。それがしっかりしている間は、それを引き締めることはしない。しかし傾けば、やさしくそれを元へ戻してやる。また背いて拒否すると、今度は力で戻させるのだ。自己が正しい軌道を回るようにしなければいけないのは、妻の扱いと同じことである。彼女らの理性は（豊かな感情のために）弱く少なくなるが、（寝台で）逆らうのであれば諭され、それでも直さないならば放置され、さらにひどい場合は打たれることとなる。

行儀を直すのに最善の鞭は、固い決意という鞭である。これは行為という観点からの闘争である。他方、教え諭すという観点からは、自己が人びとの言うこと（称賛）に傾き、道徳的にも低俗となっている場合は、アッラーの言葉を想起すべきである。そしてあなたは、次のように（アッラーの言葉に倣って）自分に言い聞かせるべきだ。「あなたはわたしの手で創造した。そして天使たちをあなたに礼拝させた。またあなた方をこの地上の後継者として、預言者を遣わせ、またあなた方から借りもすれば、購入もした。」そして人が尊大になると、こう言うべきだ。「あなたは卑しい水から創られたのだ。首を絞めれば死んでしまうし、虫にかまれれば痛みを覚えるだろう。」逆に人が抑制しているときは、僕に対する擁護者の権利（アッラーは十分に僕の欲を満たさせること）を知らしめるべきだ。

また（善い）行動が鈍っているならば、偉大な報奨について思い起こさせるべきだ。他方、欲望の虜になっているならば、その責めの大きいことを想起させるように。それに対しては直ちに身体的な懲罰があると、クルアーンにある。「もしアッラーがあなた方の視覚や聴覚を奪い、心を封じたなら、アッラーの他にどの神があなた方にそれを戻すのか考えてみなさいと。」（六：四六）

あるいは目に見えない懲罰もある。

「また地上で不当に高慢である人びとを、わたしは啓示から背き去らせるでしょう。かれらはすべての印を見ても、それを信じません。」（七：一四六）

後者は言葉での闘争であり、前者が行動による闘争である。

【註】現代社会では自己抑制は、経済的な理由であるか、または、例えばスポーツ選手のように特定目的達成のためというのが、一般的だろう。しかし全般的には適切に行われないので、地球破壊につながる環境問題であり、具体的には人口や食糧の問題となる。だが問題の根本は、人の欲望は際限がなく、何世紀になってもそれは統制されていないし、場合によっては逆の方向に走っているということ。現世は欲望の市場であるし、そうして自らの墓穴を掘っていることである。経済合理性や目的合理性だけでは、本質論にならないからである。そこでアッラーの言葉を想起するようにという、本節の諭しは光を浴び始めるのだ。人間は尊くもあれば、卑しくもある。その両者の間を、明晰な意識を持って舵取りをするしかないのである。これが哲理とすれば、それは繰り返し学習されなければいけないのだろう。底本三七番。

五、無知な者も役立つこと

ほとんどの人には、何か欠点がある。人によっては創造主を知らないし、またある人は感覚的に創造主を知っているが、創造の目的を知らない。

禁欲者たちは礼拝に明け暮れて欲望を捨てているようだが、一方で彼らは忘れたはずではあるが、有名であることや人々がその手に接吻することには執着する。もし非難されれば彼は、私のような人物に対して言うことか、お前は無法の一味か、と言うであろう。

こういった連中は目的を理解していない。同様に多くの学者もそうで、彼らは他の人たちを馬鹿にして、自分を尊大視しているのだ。こういう人たちが、どうやって真実に沿って、楽園に住み着くことになるのか、全く信じられないことだ。

しかし考えてみると、彼らの現世での役割は、ちょうど楽園でのそれに似ている。現世では人びとの敬服する対象となり、アッラーの恵みを人びとに披露して教えるのである。そうして人びとが彼らに従うことで、システムは完結する。

ところでアッラーを知る人は、（事物の）外見しか知らない人たちと交わる時間は持ち合わせていない。また禁欲者たちは羊飼いのようだ。学者たちは子供の教師のようだ。そしてアッラーを知る人は、知恵を広める人である。（このように人はさまざまであり、）王様といっても、照明係や警備員や料理人がいなければ、その生活は成り立たないのだ。

アッラーを知る人はこういったさまざまな人たちを駆使すべきだ。もし彼のもとにやって来る場合は、その人を助けるべきだ。他方その人に到達しない人もいるが、彼らは後からの追加のようなものだ。彼らは間違いなく、詰め物のようなもの（大した役割もなく不要かも知れない）だが、（穴埋めして事物を）確かなものにするのである。

こう問う人がいたとしよう。たとえそれがこの世では当たっていても、あの世ではどうか？

それへの回答は、次のようなものになる。人は隣人を必要としている、だから欠陥のある人を見ると、より完成度の高い人はその高さを感じて満悦することとなる。つまり、誰にでも飲むもの（役割）があるということになる。

私の記したところを熟慮する人はそれから示唆を得るので、何もこれ以上長々と説明する必要はないだろう。

【註】「アッラーを知る人（アーリフ）」は、神秘主義では特定の段階にある人で固有名詞だが、ここでは一般的によくイスラームを知り、教え（知恵）を広めるように努めている人と理解しておく。それは学者や禁欲者と並置されている存在で、当時そのように分類される人たちが多数いたのであろう。いずれにしても本節の対象は、無知な人（ジャーヒル）の意味であるので、このような有知のアーリフと対比される。無知な人にも楽園での居場所はあるし、現世でもそれは広く世の中の穴埋め（ハシュウ）になっていると言っている。人は共同社会の中で生きてゆくのであり、したがって互いに穴埋めをしているという思想である。同時に学者などが持ちがちな優越心も認めている。禁欲者たちも名を知られたいと密かに思っているという、限定的な禁欲でしかない。以上が、一二世紀のハグダッドでの一情景である。底本四四番。

六、心の強化策

重い荷物を運ぶ人が二人、歌ったり、冗談を言ったりしながら前を通って行った。その一人はもう一人が言うことを繰り返し、あるいはそれに返事をするのであった。さらに次は、逆の役割をしていた。

そこで思ったのは、この二人がこうしていなければ苦労はもっと大変なものになっていただろうということだ。こうやっている間は、運ぶのも少しは楽になっているはずだ。

そうなるのはどうしてかと考えてみた。それは一人が話しているとしゃべることに注意が行き、それを楽しみ、もう一人は答え、あるいは調子を合わせて話すのに気が惹かれる。そうしている間にも前へ進み、荷物の重さを忘れているのであろう。

これから私は一つの示唆を得たのだ。それは人というものは重い荷物を背負っているようなものだということだ。一番重いのは、自分の管理という荷物である。好きなものから遠ざかり、嫌いなものを強制しなければいけないような場面である。そこで良い方法と思うのは、この忍耐の道を時に遮断して、自らに娯楽を与え優しくすることである。詩人は歌っている。

（心が）不満を持ったなら、それをなだめるのは、朝の光の

ギャラクシーだ、そして午前の旅立ちに備えるように

これに似た話が、ビシュル・アルハーフィー（既出、八二七年没、バグダッドの神秘主義者）に関してある。彼に同伴していた男が、喉が渇いたので、この井戸で飲もうと言った。それに対してビシュルは、次の井戸まで辛抱して待とうと言い返した。そして次の井戸に到達すると、また同じことを言った。こうしてその男をなだめて進むうちに、目的地に到達した。そこでビシュルは言った。「この世を渡るのも、同じことだ。」と。

この原理を理解するならば、その人は自分をなだめ、慰め、今後の重荷を我慢するための良い約束を用意することができる。それについては祖先の言葉が残されている。

「アッラーにかけて、あなたが好きなものをあなたに私が禁止する唯一の理由は、私はあなたが好きだということだ。」

アブー・ザイド（一一世紀ファーティマ朝の軍司令官）は言った。「私は心（自分）をアッラーに導いた。その時、心は泣いていた。そして私はそれを導き終わったときは、それは笑っていた。」

心を管理して自らに優しくすることは、大切だ。そうすれば道も開ける。ただしこれは示唆を与える一つのきっかけであり、その説明は長々となるだろう。

【註】人生は重い荷物を背負って行く旅のようなものだ、と言った日本の戦国武将の話を出すまでもないだろう。ここでは詩人が砂漠を行くときの喉の渇きを我慢する話になっている。それがどれほどのものかは日本からは想像しかできない。ちなみにイスラームの断食の月はラマダーンと言われることは知られているが、そのラマダーンはアラビア語では喉の渇きという意味だということはあまり知られていない。つまり一カ月の断食の間の苦労は、昼間、食を我慢するのではなく、水を飲まないことなのである。これは砂漠の喉の渇きの厳しさを想像するのに、ヒントになるだろう。ただし本節のポイントは、我慢するにしても時には息抜きが必要だということ、そしてそうすることで自己管理を全うするということである。我慢ばかりでは息が切れると言った、戦国武将はいるのだろうか。底本五九番。

七、高い志

ある日、私は祈って言った。「主よ、私にどうか、知識と活動をお与えください、そしてそういうことをするために、どうか長寿をお願いします。」

それを聞いてジンがつぶやいて言った。「そうしたら、どうなるのか、どうせその後には、死が待っているのだから、長生きしてどうなるものでもない。」

私は言い返した。「馬鹿げたことを言うでない。私のお願いの意味合いを知るならば、それは無駄でないことが分かるだろう。毎日、私の知識は増えて果実は多くなるので、収穫の時にはより多く感謝することとなるのだ。私がもし二〇年前に死んでいたならば、それを喜んでいたかと言えば、とんでもない話。そうすれば私はアッラーについて今知っていることの一〇分の一ほども知らなかっただろう。」

そうしたことすべては、生涯の果実であり、その間に私は主の唯一であることの証明を得ることができ、伝統の下層から洞察の高みへと向上したのだ。また獲得した知識で私の能力は増しており、それで私の精神は宝石のようになった（高価値となった）。また知識人が私の商品により多くの関心を払い、私の商売も強化された。アッラーはその預言者ムハンマド（アッラーの祝福と平安を）に言われた。「（むしろこのように）言いなさい。わたしの主よ、わたしの知識を深めてくださいと。」（二〇：一一四）

アブー・フライラ（六八七年没、最も多数の預言者伝承を伝えた教友）が伝える預言者伝承にある。「信者の生涯は、善い行いでしか、長くならない。」またジャービル・ブン・アブドッラー（六九七年没、マディーナのムスリムでマッカからのムスリムを支援）の伝える預言者伝承は次の通りである。「僕の一生が長くなり、アッラーがその人に対して、改心して戻れるように恵まれるのは、幸いである。」

預言者ヌーフほどの長寿があればいいのに。というのは、知識は膨大で、それを獲得すればするほど、向上するのだから。

【註】本節の流れは次のようになる。まず創造には目的がある、それは主の実在の証明のためであるが、人間に関して言えば、生きる目的があるということになり、それはアッラーに仕えるためであるということ。そして良く仕えるためには、長寿を願うという次第である。ちなみに、預言者の多くは長寿が伝えられている。アーダムは七二九歳、ヌーフは九五〇歳、イブラーヒームは二〇〇歳、ムーサーは二三三歳などとなっている。もちろん異説もある世界だ。底本六六番。

八、時間の性格

時は可変である。クルアーンに言う。

「われらはこれらの（敗戦と戦勝）日を交互に人びとの間に設けます。」（三：一四〇）

そこで人は貧困、裕福、誇り、恥辱を味わい、またおじ（ハワーリー）は喜び、敵（アアーディー、韻を踏んでいる）はほくそ笑むなど、時によりけりである。

幸福な者はいつでも一つの原則に則っているが、それはアッラーを意識すること（篤信）である。彼がそれに満足すれば彼は飾られ、もし足りないときは（当面の）眼前の扉が開かれる。守られれば彼への恵みは満ち足り、試練を受ければ彼は援助される。時が下がろうが上ろうが（順境でも逆境でも）、彼は障害を受けない。奪われても、満腹になっても、喉が渇いても、どのような時もそうなのだ。

すべての物事は、消滅するし、変わり行く。篤信は平安の原則であり、それは警護役で眠ることはない。つまずけば手を取り、掟を破らせないようにしている。

一方拒絶される者は篤信に欠けるので、享楽が襲うのである。享楽は人を破滅に追いやり、失敗させる。

アッラーをいつも意識するように。そうすればあなたは、苦しい狭さではなく、広い豊かさを見るであろう。また病気の時も、元気回復である。

そしてこれらは近い（現世）利益であり、そして遠くのこと（来世）は知られたとおりである。

【註】暗闇の中の一筋の明かりが、アッラーの方向であり、それをいつも意識することから、さまざまな現世の難問が氷解するという説諭である。それは現世から来世への道行《みちゆき》を語ってもい

るが、気持ちの上で暗さはない。天命をしっかり把握して、それに従順にして務めを果たす覚悟である。ここでは『徒然草』の思潮と異なる側面がハッキリする。『徒然草』では「死を憎まば、生を愛すべし。」（第九三段）、「すべて所願みな妄想なり。」（第二四一段）と死が突出して意識され、現世は妄想だとされる。イスラームでは、死は通過点であり、「所願」はすべて主の下で記帳されているから、無駄にはならない。それが自分の生涯でもある。底本七二番。

九、心中の誠実さ

病人に一番悪いのは、食べるものを混ぜ合わせることである。また病人といえば、妄欲に冒されているのが最悪だ。それへの最善の薬と言えば、節食（抑制）しかない。混ぜ合わせると病は長引くが、来世のことで混合しているのには、二種類ある。一つは、学者たちである。本来敵である支配者たちと交わり、自らの信心を弱めて、交われば交わるほど信徒に向けての証明（説得力）も失っている。それはちょうど、医者が混ぜながら食しているのに、私を（節食で）守ろうとするようなものだ。私はますます疑念を深め、立ち留まるのである。

二つには、禁欲者の混じりあいである。彼らは現世利益の連中と交わり、あるいは大衆の好評を得ようとして謙譲さを見せつけて、マナーを守っているかのようである。

アッラーよ、報いを定めるお方は、慧眼《けいがん》である。至誠は（腹の）内部にあり、誠実さ（正直さ）は心中にあり、平安の道の和やかさは自らを隠す（慎ましくする）ことにある。

【註】利益の周りにたむろする人たちを批判し、彼らの元来の心まで売らないように訴えている。そのような人が多数いたということであるが、それは古今東西を通じての警鐘となる。それはいずれにしても、アッラーの鋭い眼力を無力にするものではない。自分を判定するときの基準は、素直な自分の考え方であるとも言いかえられそうだ。底本九三番。

一〇、優しい心

知識（宗教）について考えてみた。それに傾斜し、それに専心することである。確かに知識は心を強くするが、他方それは固くもすると思った。心が強くなくて、願いも長続きしないなら、誰もそれに専心することはないとも思った。

語られることを望んで話を書き、完結することを望んで、私は執筆する。しかし儀礼のことを考えると、希望は減少し、心は柔らかくなり、涙が出て、嘆願にひたり、心の平穏さは覆われて、私は（アッラーに）専念しているのであった。

しかし知識こそは最善で最強の論拠であり、最高の段階にあり、それは以上のように弱点があってもそうなのである。他方儀礼は、以上のような特性もさることながら、それは気弱で怠慢な人に一層なじんでいるものである。というのは、他人を導くよりは自分を正すことで満足し、主へ人びとを惹きつけるのではなく、孤独で事足れりとしているからである。

だから正しいあり方は、心を柔らかくしながら知識を求め、他方知識に最後まで邁進することであろう。そこで私は、心が弱くなり柔らかくなるので、墓参りをしげくしたり、死去に立ち会う人に混じったりすることは、好まないのだ。そうすることで、私の思考は影響されて、知識に専一する世界から追い出されて、死について思いめぐらす世界に移行してしまうからである。またそうなることに、しばしの楽も見いだすのだ。

結局のところ、病はその逆で治癒すべきだということになる。心が非常に固くなり、則《のり》を越える間違いを防ぐために（アッラーに）専念できない人は、死について思いを巡らせ、死去に立ち会う人にも混じる必要がある。一方心が柔らかい人はそのままにしないで、それを忘れさせることに専心すべきである。そうして自分の生活や自分の判断から受益すべきである。

預言者ムハンマド（アッラーの祝福と平安を）は妻のアーイシャと冗談を言ったり、駆けっこしたりしたそうだ。そうして自分を柔らかくしていたのだ。だから預言者の例に倣った人には、私が言ったような、自らに優しくする必要を満たしているということになる。

【註】理知と感性のバランスの難しさは、「智に働けば角が立つ。情に棹《さお》させば流される。」という夏目漱石の『草枕』の冒頭に出てくる課題でもある。原著の作者イブン・アルジャウズィーは理知優先で、適切に感性の涵養を説いている。そこで登場する教訓が預言者伝承であるという次第だ。底本九六番。

一一、中庸は一番

中庸《ちゅうよう》がいつも最善の策だということを、人は知るべきである。世の中の人の多くが欲望にかられて善行を怠るのを見るときには、死や墓のことを語り、来世に思いを馳せるべきである。

他方学者のように死についていつも語り、来世に関してもいつも読んだり話したりしているのであれば、一切それを停止するというのでもなければ、それ以上するのは無益である。それよりはアッラーを畏怖し来世を語ることしきりのような学者は、少しは死のことばかり話すのを中止して、善行を図って実行したり、子供をもうけたりして、自らの希望に沿って少しは生きつなぐべきである。死ばかりを語ることは、その人にとってはマイナスであり、益するところはない。

預言者（アッラーの祝福と平安を）は妻のアーイシャと駆けっこをして、彼女が勝ったり、彼が勝ったりしていた。そうして冗談を言ったりして時間を費やしていたことは、誰でも耳にしたことはあるだろう。

つまり（研究や思索で）真実の探求ばかりでは、体は腐り、心はいらだつからである。アフマド・イブン・ハンバル（既出）は伝えている。「恐れの心をアッラーに対して持てるようにと祈ったところ、その恐れの扉は開かれた。そうして開かれたのはいいが、それは自分の理性も失うばかりだった。そこでアッラーにもう一度、自分からそれを遠ざけるようにお願いした。」

人はこれを原則として、理解すべきである。心は俗事と交わるべきなのだ。そうすることは、その人にとって良い効果がある。そしてアッラーは支援されるお方である。（読む人に）平安を。

【註】中庸は穏当さでもある。そして理性と感性の対比、あるいは研究をする学者と信仰ばかりに

励む人との対比が再登場である。その中間にいる姿が、俗欲にかまけることもあるが、一方では来世を語れる常識人として登場してくる。そして妻と駆けっこをするという、前節で見たと同じ預言者伝承も再登場である。底本一〇七番。

一二、敵より前に友人に用心を

人を信じたり、友人にしたりすることは、大きな間違いである。最悪の敵であり、最大の被害をもたらすのは、友人なのである。彼らは隠された秘密を知っているからだ。

詩人が歌った。

敵には一回用心し、友には千回用心しろ。
友は裏切るかも知れず、一番弱みを知っているのだ。

人の心に生まれつきあるのは、他人の恵みへの嫉妬心だ。それから向上心と喜びもある。だからあなたと同じくらいだと思った人が、あなたの方が上だと知ると、そこに心騒がしいものがあるだろうし、それは嫉妬心かも知れない。預言者ユースフの兄弟たちが持った気持ちはこれであった（一二：三～一八、ただし同腹の弟ベンヤーミンは別）。

しかしあなたは、友人なしで、どうやって生きて行けるのか、と問うだろう。その答えは、同類の者は妬むものだ、ということ。大半の人は学者を信じていて、彼らは笑わないし、俗欲からは離れていると思っている。しかし学者が（イスラーム法上）許されていることでも楽しんでいると、それを見て彼らの（尊敬の）目から落とされてしまう（信用が失墜する）。これが大衆であり、他方学者たちの状況もそのようであるが、あなたは一体どちらと共に生活したいだろうか？

いやいや本当は自分の心も移り変わるので、共に生活するのはどうかと思われるくらいだ。ましてや人とは接するくらいで、後は用心すべきである。知己を得ても、親友になるといった野望はご法度だ。万が一にもそうしたい時には、あなたと同格ではだめだ。嫉妬心がどうしても先立つからだ。相手は多くの人よりも上を行く形にして、あなたの地位を奪取しようとは考えないようにすべきだ。

共存というのは心休まるものでなければならないが、それは学者たちと大衆の間に考えられるものだ。だから彼ら全員の間には、座を共にするのが楽しくなるような、接触のためのいろいろの要因がなければいけないことは確かだが、それは決して目上に到達できるものではないのだ。

友人を求める場合には、もし相手が賢人であればあなたの腹の中を知るだろうし、もし相手が愚鈍であれば、あなたは何のために友人としたのか、目的を達しないことになる。だから賢明な相手にはあなたにとって外部的な事柄を扱ってもらい、愚鈍な人には家内事情の関係を扱ってもらうと良い。そうすることで、あなたの秘密は守られるだろう。こうしたことに注意を払って、友人を作ることで満足するように。

とにかく警戒心という武具で身を固めてから相手と会うようにして、あなたが秘匿《ひとく》することを知らせないようにしなければいけない。狼について、次の詩がある。

片方の目を閉じても、もう片方は用心のため開けて、
　敵を警戒する。こうして目を覚ましながら寝ているのだ。

【註】「(助けを求めるのは) こそこそ隠れ、つぶやく者の悪から、それは人びとの胸につぶやく者で、ジンであろうと、人びとであろうと。」(一一四：四～六) これがクルアーン全体を締めくくる最後の章の言葉である。ジンは自分の胸にもささやくので、自らに警戒心を持って、決して油断しないという姿勢である。さらには、「信仰する人たちよ、あなた方の妻や子供の中にも、あなた方に対する敵がいます。だから彼らに用心しなさい。」(六四：一四) こういった視点は、万人に仏性を認めて、相手の過ちや悪意さえも包み込むようにしようという日本の仏教的なあり方とは相当異なる。イスラームと仏教は似ている諸点も多数あるが、対人関係はイスラームの方が現実的、あるいはシビアな感覚である。底本一一二番。

一三、人生は戦い

私には、人びとは一列で戦っているように見える。それは悪魔との闘いで、人に対して妄欲という矢を放ち、快楽という剣で襲ってくる。

欲に溺れる者は、初めに倒れる。アッラーを意識する者は、とことん奮闘する。長く戦闘していれば傷つくこともあるが、彼らは傷ついても治療されて、戦死することはないのだ。ただし顔の傷（大罪）は、無残にも残る。だから戦闘する者は、ご用心あれ。

【註】戦闘員は一列で、平等だということ、戦闘の目的はアッラーのためだということ。それは大きな善行であるが、それでも過去の大きな罪（みだらな行為や不信仰の類）は償われることはない。ただしその善行の報いとして、死は免れるというのが、全体の構造である。人は日頃より大罪は避けねばならず、それを前提に最善を尽くすことが課せられているということになる。本節は短いながら、さまざまな側面をカバーしつつ、人生全体の訓示になっている点に注目したい。底本一二七番。

一四、少なきをもって足ることを知る

資産家は学者を、使役し軽んじている。喜捨の資財から謝礼をあてがっているのだ。もし学者でクルアーン読誦を終了したら、「学者の誰それは出席していなかった。」と言い、もし病気になったら、「学者の誰それは見舞いに来なかった。」と言うのだ。

学者たちは生活の必要からして、そのように侮辱されて喜んでいる。しかしこれでは、学者の無知を示している。彼らは知識を守らなければならないが、その薬としては二つある。

一つは、生活に納得するということ。よく言われるが、もし人が酢と野菜に満足していれば、誰も奴隷になることはないのだ。

二には、学究のための時間を、少しは生活のために費やすべきだ。それは知識の名誉を保ち高めることとなる。それは全ての時間を研究に当てるよりも、良いだろう。もちろんそれで多少の恥辱を味わうとしても。私と同じように考えて、自尊心も持ち合わせるならば、それは生活力となり、また保有している力を温存することとなる。つまりそのように努力することで、納得できる実入りを得ることとなるのである。

こうした要領を心得ない者は、知識を持ってはいても、それは外見だけであって、その意味合いは会得していないこととなる。

【註】テレビの売れっ子になると喜ぶ学者もいるので、反省材料になる一文だ。虚学と実学では姿勢も異なるが、知識の小売りで自分を小売りしないようにとの警告である。そこで日本でも「少なきをもって足ることを知れ」と言われてきたことが想起される。それは何も学者だけではないはずだ。欲望の野獣では、地球は救えない。ではどのようにして、節制し、自己抑制し、謙譲の美徳を発揮するのか。道徳律は自明かも知れないが、一向に具体論としては前進している実感はない。宗教人自身がその模範とならなければならない場面である。底本一五一番。

一五、謙譲は堅い意志をもたらすこと

法学派によっては許されていることを、私が許可したところ、自分の心に大変に堅くなったものを感じた。そうしたら何か（法学の）門から追い出されて、遠ざけられたように感じた。また暗さが増したようにも思った。

心の中で、これは一体何なのか、自分は法学者の総意（イスラーム法の法源の一つ）からは逸脱していないはずなのにと問うた。そこで私は心に対して、悪い心よ、それに対する答え

は二つだと言ってやった。

一つは、自分で信じてもいない内容の解釈を下してしまったかも知れないということ。もし法勧告（ファトワー）を依頼されたら、異なったことを言っていただろう、と。

心は答えて言った。もし本当にそれが許されていると信じていなかったなら、許可を与えるようなことはしなかっただろう、と。

私は言った。しかしあなたが信じるというのは、周囲の人たちを喜ばせる法勧告のようなものでしょう、と。

二つ目には、あなたはあの世の暗闇の中で気付くことに喜びを見いだすだろう、というのは、あなたの心の中に光がなければ、そのように暗闇を感じることはありえないからだ。

心は言った。心の中に感じたこの新たな暗闇で、自分は本当に荒野にいる感触を味わった、と。

私は言い返した。それなら（許可したことを）手放すようにしなさい、そして手放したことは総意に拠って許されると考えて、したがって逃避したことは信仰心の表れと見なしなさい、と。

そうしたら、心は私の言葉を受け入れたのであった。

【註】本節は、少し入り組んだ内容になっている。違法でなければ人びとを喜ばせること自体は合法であるが、他方その人の心に来世への灯明や希望があるならば、人びとを喜ばせたという事態からは離れることで、その人の信心は深まるという筋書きである。この人の自省心のうごめきは、暗闇を覚えたことにあり、それは改心の一端でもある。なぜ改心をするのかと言えば、善かれと考えてしたことについて、人びとのお礼や評判を期待する気持ちが働いていたことである。そこでそれが強くなる前に身を引くという、謙譲の美徳も説いているものと読める。底本一五六番。

一六、年取る前に若い時代を有益に使うこと

私は、目の前の（学生に対する）教育よりも、著述の方が利益は大きいという正当な見解に頭を巡らせた。なぜなら、生涯を通じて限られた数の学生と会うこととなるが、他方著述を通じては、先々も無限の数の人びとに会うからである。

その証拠に、人びとは昔の著述からの方が、今の長老たちからよりも多くのことが学べるのである。だから学者たちは、有益なものが書ける以上は、出来る限り多くの著述をすべきである。ただ書から得たものすべてが有益でもなければ、単に諸事を集めただけというほど

でもないものもある。

（有益な著述は）アッラーが僕の中からお望みの者に対して示される秘密を著すことができるときに、可能になるものである。そしてばらばらであったものを集めて整序立て、あやふやだったところを明確にすることで、有益な著述となる。

人は生涯の真中当たりで、著述の機会を活用すべきだ。若年の間は、吸収するばかりで、年老いてからは諸器官が弱わる。ただし年齢の考え方は、理解と理性についてはうまく行かないかもしれない。見えないことは分からないので、それについては多くの慣習に従うことになるかもしれない。そこで、吸収し、記憶して、作業するのは四〇歳までで、その後からが著述と教育の年齢ということになる。だがそれもその人が望んだように、収集と記憶が進めばということだ。アッラーの支援が得られれば、という前提である。しかも本がないとか、幼年のころ意欲がなかったとか、十分に蓄積できない場合は、著述の開始時期は五〇歳になってからとなる。

五〇歳から六〇歳の初めくらいまでは著述と教育をして、六〇歳を越えたら教育やハディース学講話を盛んにし、さらに重要事項があれば七〇歳初め頃まで著述をすればいい。そして七〇歳からは自然に任せて、来世のことを思い、死去に備えるのである。それは自分のためにするのであり、他には報奨のための教育であるとか、自分が必要とするような著述をすればいい。そうすることは来世への最高の方途となるだろう。

その人は自らを清め、性格を直し、欠点を徹底的に埋めて、ここに述べたことをすることで（現世から）離れることができれば、信者としては行為よりも善意の方が重要になる。これで私は、全ての段階について説明したことになる。

スフヤーン・アルサウリー（既出）は言った。預言者ムハンマド（アッラーの祝福と平安を）の年齢に達したなら、その人は自分の死の装束をまとうべきだ、と。学者の一団が、七七歳に達した。その中には、アフマド・イブン・ハンバル（既出）もいた。そうなればもうそれは、墓の入り口に立っているようなものだ。毎日は、追加の賞与のようなものである。

八〇歳も終わることには、自分の性格の浄化に努めて、旅の糧を準備して、アッラーへのお赦し祈願を友として、唱念を常にし、自己評価を厳密にし、知識の流布に努めるべきである。そして人々と親しくすることも必要だ。

つまり軍のパレードが近づけば、それへの障害物に気を付けなければいけないということである。それから最大限、死去の前には自分の影響力を残すべく、例えば知識を広め、書籍を配布し資金を寄付したりするのだ。こうしておけば、アッラーはお望みのままに、知恵を授け、または直観させられるのだ。だからわれわれは、アッラーのお眼鏡にかなうというお恵みに授かり、遠ざけられるということがないように嘆願する。アッラーは本当に、近くにおられて、祈願にお答えになるお方である。

【註】イブン・アルジャウズィーの生涯設計を見ても、現代とあまり変わりないのに目をみはるばかりだ。こうして人類の努力は積み重ねられて、時代は進展するということが実感できるのではないだろうか。幾世紀となく営まれる、古今東西の錦絵のようでもある。底本一六五番。

一七、イブン・アルジャウズィーの独白

私は身分の高い人たちのことを考えてみたが、そのほとんどは明らかに失敗と言わざるを得ない。若いころから背反したり、知識の獲得に血眼《ちまなこ》になったり、快楽に浸ったりしていたのである。そして全員が、過去の罪を意識しないままに高齢となり、弱ってしまい、人徳もすり減ってしまってから、事態を悔やむのである。だから高齢になると、失敗者だという訳である。そしてもし罪の意識があるならば、その人は犯してしまったことに後悔し、もしその罪に意識がないとすれば、味わえなかった快楽に後悔するのである。

知識のために青年時代を過ごした人は、老齢となれば植え付けたものの収穫を感謝し、収集したものを著述し、身体的な快楽で逃したものには目もくれない。その代わりに知識の快

楽を味わうのである。つまりそれは、求めた知識で何かを得ようとしたのだが、その（求める）行為にそれから得られたものよりも大きな快楽が存在するのである。詩に言う。

彼女が到着するのを望んで、私は震えるが、

多分、望むことは勝利よりも、甘いのだろう。

親族の連中のことを考えてみたが、彼らは現世利益に追われていたが、私は幼年も青年の間も知識を追いかけていた。そして彼らが得たものに私は何も失ったものはないどころか、彼らが得たものを自分が得ていたならば、それは後悔の種になっていたことだろう。自分の状況は彼らのよりも良く、私は彼らよりもより大きな威信を得ている。私が得ることができた知識は、本当に貴重なものばかりである。

そこでイブリースがささやいた。「あなたは自分が疲れて、睡眠も少なかったことを忘れたのか？」私は言い返した。「無知な者よ、手を切断するくらいは、（多大な苦労をした）ユースフに比べると何ともない。彼は実に長い道のりを経て、友人を得たのだ。」

アッラーへの道は、実に甘美にされている、

それはラクダが、空の食料入れの様になるほど（長旅）であっても。

私は自分が求めて望んだために、知識を求める甘美さにどんなきついことが含まれていても、それは蜂蜜よりも甘いものとなったのであった。子供のころは、ハディースの勉強のた

めに乾いたパンを一切れ持って家を出た。そして（旧バグダッド近郊の）イーサー川のほとりに座ってしか、それを食べることはできなかった。というのは、一口食べては川の水を飲んでいたのだ。その時でも私の目は、知識の獲得に燃えていた。その成果は、預言者伝承や預言者（アッラーの祝福と平安を）の事情とその作法、あるいは教友や従者たちのそれらを多数聞いて、私はすっかり預言者の道に関しては、イブン・アジュワド（彼の名前は川と同じでイーサーだったので連想したのであろう。彼はアラビア半島ナジド地方の初期の法官）のようになっていたのであった。

こうしたことが私に、知識では計り知れない果実をもたらした。それは幼年、青年、独身時代を通じてだが、喉の乾いた人がきれいな水を欲するように、心で望むところを実行できるという能力である。しかしそうしなかったのは、アッラーに対する恐れという知識のもたらした果実のためである。人間が免れない過ちであるが、それは自惚《うぬぼ》れ（アジブ）ということである。

しかしアッラーはわたしを守り、教え、秘密のアッラーの知識によりアッラーを覚知することができた。またアッラーと孤独でいて、（狭いので）マアルーフ・アルカルヒー（八一六年没、バグダッドの禁欲主義者）やビシュル・アルハーフィー（既出）がいたならば、もう混雑するほどであった。

それからアッラーはわたしを怠惰と拒否に誘い込み、私は自分以下の人はいないと思うほどに落ち込んだ。時にはアッラーは、私を夜の礼拝と甘い嘆願に誘い、時には体の状態は良いのにそうしたことができないようにしてしまわれた。もしこういったことは教育と訓練の一種だという知識の吉兆《きっちょう》がなければ、私は善行しては自惚れていたか、あるいは休止しては失望していたに違いない。

しかしアッラーの恩寵への希望は、私の恐怖にバランスを与えてくれた。希望というものは大いに力を発揮するが、私は子供のころよりアッラーに育まれて、父親は何も意識しないような幼年の間に亡くなり、母親はあまり面倒を見てくれなかった。そこで私は勉学に専念することとなった。そしてアッラーは私を重要なことに当てられて、正しいことを命じる人のところへ誘われ、そして私をあるべき姿にされたのだ。

敵が何回私を襲うとして、（アッラーは）何度私を守ってくれたか。私に勝たせて、洞察を与えて、防衛させて、恵みを与えてくれたことか。それを思うと、私は今までに目にしてきたことで、将来への希望は強くなるのであった。私の手によって、二〇万人以上の人びとが唱念の座において改心し、また二〇〇人もイスラームに改宗したのであった。私の説教によって、それまで涙を流したこともなかった尊大な連中の眼頭に、どれほど多くそれを流させたか。またこのような恩寵を目にする者は、その完全なものを望むこともできた。多分恐怖の要因（アッラーの怒り）は、私が怠惰と恥らいを見せることで、露呈したのかもしれない（だから彼らも涙した）。

ある日、私は座っていると、その周りに約一万人の人が集まってきて、全員涙して柔らかな心でいるのを目にした。そこで私は自分に言った。「もし彼らが救われて、あなた（自分）が破滅させられたら、どうなることか。私は愛情に満ちた舌でもって叫んだ。『私の神よ、私の主よ、明日私を罰するとしても、そのことは彼らには知らせないでください。それは私のためではなく、あなたがあなたのところに人びとを導いた者を罰せられたと言われないように、あなたを守るためです。』」

主よ、あなたの預言者（アッラーの祝福と平安を）は、偽善者のイブン・ウバイイ（六三一年没、大偽善者の綽名）を殺せと（人びとに）言われたが、預言者は、「そんなことをしたら、預言者が教友を殺したといわれるだろう。」と答えた。

主よ、私を信じている人たちの信頼を温存されるように、そしてあなたの威信にかけて、あなたへのガイドを罰したことなど教えないように。断じてお願いするのは、アッラーよ、この清浄な状態を汚すことがないようにということ。

矢に仕立てた枝を、研ぎ澄まさないように、
　そして優れたものを作った人が、破滅するのを防ぐように。

植えた人が、その植物を乾燥させないように、
　あなたの正しい恵みによって、豊かな果樹園に育つだろう。

【註】自らの学問遍歴と、陥りがちな自惚れとの心の戦いを語った後に、イスラームに寄与した実績を紹介している。父親はイブン・アルジャウズィーが三歳の時に亡くなったが、叔母が教育熱心であったそうで、彼が幼少の頃より従った多くの有力な教授陣については詳細な論文が発表されている。ただしそれは歴史研究であるので視点が異なり、ここでは取り上げない。なお叔母の話は、本節では出て来ない。イブン・アルジャウズィーは原著において、相当赤裸々に自分を語っているが、本節が一番まとまっているので、ここに訳出した。底本一六八番。

一八、人に対してではなく真実に対して飾るように

アッラーのために専心して尽くす人は少ない。それは多くの人は、儀礼を人に見せることに関心があるからだ。スフヤーン・アルサウリィー（既出）は言っていた。「見られたものは、自分では（アッラーへの）仕事とは見なさない。」（初期のムスリムは）人には見せないよう

にしていたのだ。しかし今では、人の着るものからして、露わにしている。

アイユーブ・アルサハターニー（七四八年没、従者）は自分のシャツを長くして、足まで届くくらいにして言った。「昔は長くすることで知られるようになったが、現在は短くすることで知られる。」

そこで知るべきは、人目を気にしないで、（アッラーへの礼拝などの）行為と至誠の意図と姿を伏せることで、心の中の威厳（尊大さ）を消すようにすべきだ。そうすることで、昔の（偉大な）人は向上した。

アフマド・ブン・ハンバル（既出）は時には裸足で外出し、サンダルを両手で持って、残飯を探した。ビシュル・アルハーフィー（八二七年没、バグダッドの神秘主義者）は一人で、いつも裸足で歩いていた。マアルーフ・アルカルヒー（既出、八一六年没）はナツメヤシの種を集めていた。

今日では権力というものが、すべてを覆っている。心を乗っ取ってからは、不注意、外見、真実の失念などが横行する。そうして権力関係が、人びとの常となる。有識者でさえも変なことを言うことがある。私が一人で歩いていると私を拒否し、私が貧しい人を訪れると、それはやり過ぎと言い、私がほほ笑むと軽蔑されるのだ。何ということだ、これが預言者（アッラーの祝福と平安を）と教友たちの仕方だったのに。人びとは、威厳のための栄誉を設けたのだ。

あなた方はアッラーの真実の目からすり落ちたので、アッラーはあなた方を人びとの目から落とされたのだ。彼らは威厳のために汗するが、しかし注意も足らずに結局はその目標は達成できないでいる。もっと大きな目標も、手からすり落ちてゆく。

そこで兄弟たちよ、意図の改善に留意するように。そして人に飾ることはないように。そして主な支柱は、真実に真っすぐになるように。そのようにして、祖先は向上し、幸せになった。

今日人びとが何をしているかをしっかり見るように。彼らは祖先の覚醒振りと比較するならば、全く寝ているのに等しいのだ。


【註】威厳を求める心は、対人関係である。それは結局、アッラーに向かっていないというシンプルな過ちでもある。しかし古今東西、共通な過ちでもある。人生の主目的に素直に向かうことを勧めている。どうして人は権威や権力を欲しがるのであろうか。それもあらゆる世代で見られ、場所を選ばない。それは人間の生存本能にも直結しているのであろう。ただそれは人の持つ動物的な側面の表れだとすれば、ますますその超克が望まれるということになる。そのための宗教だということなのであろう。底本一七九番。

一九、孤独の功徳

人から離れて孤独でいることには、本当に功徳が多い。特に学者と禁欲者はそうである。人はいつも苦労する人を見てほくそ笑むし、他人の恵みを見ては嫉妬するし、誰でもあなたの失敗を悪用しようとしている。孤独の何と美味なことか。それは譴責《けんせき》の汚れや格好をつける病や、敵意を隠すことや時間の浪費から、免れている。それから思索にふけることができるし、人びとと交わる（気苦労）ことから離れて、楽しめる。そして現世と来世に対処できる。それはちょうど、節食していたところ（食べたもの）が混じりあって融けてしまうようなものだ。それに比べて交わりあう人は他にすることがあるのに、人のところに来ては会って話して、時間を取るのである。それはちょうど、すぐ出なければいけない旅人のようなもので、その人のところに人びとが来ては無駄話をするので、船が出る警笛が鳴ってしまうようなものである。

このように孤独に、人と混じりあう欠点がなくて、死去の糧と平安についての思索があるならば、それだけで十分なのである。ただし本当の孤独は、学者と禁欲者にしかない。なぜならば、彼らは孤独になっていなくても、その意味が分かっているからだ。

学者にとっては、彼の知識が伴侶で、書籍が話し相手で、祖先への思いが支援してくれる。そして過去の出来事を考えれば、彼を喜ばすのだ。もし彼の知識で至高なる主の完璧な覚知へと向上すれば、その敬愛の尾にしがみつき、甘美さは倍化し、それで全存在に関して手一杯になるのである。そうして学者はその愛するものと二人になって、その知識に従って仕事するのだ。

一方禁欲者も同じことで、彼の崇めるものを伴侶とし、その崇められたものと同席し、そして自分と一緒に創られたものが見えれば、それから姿を隠し、彼らも彼から姿を隠すこととなる。

こうして両者は害を及ぼすものから離れて孤独となり、彼らは双方とも人びとの集団の中で一つなのである。人びとの悪から逃れ、他方人びとは彼ら両者の悪から逃れるのである。彼らは僕たちの模範であり、道行く人の道標であり、聞く人は彼らの話から裨益《ひえき》し、彼らの説教から涙するのである。そして社会の中で、彼らの威信は高まって行く。

彼らのようになりたいと思う者は、孤独に耐えることを嫌でも我慢しなければいけない。そうすれば忍従は蜂蜜をもたらすだろう。

この世と混じりあう学者については、アッラーのお赦しを請うものである。特に資産家や権力者である。惹きつけ、惹かれるのである。そして彼らに生じるのは、宗教を反故《ほご》にして、現世利益を獲得するということである。無法者には、恥辱に対する自負心はないのか？　そういったことを気にもしない学者は、知識を味わうこともなければ、その目的を知ることもない。彼はまるで不毛の砂漠にいるようで、そこで無残にも破滅するしかないのだ。

他方禁欲者は、もし（世俗と）交われば同じことで、見せかけや何かの振りをし、偽善をして憚《はばか》らない。そして現世と来世の恩寵を逃すのである。

そこで甘い孤独をアッラーに祈願する。悪から逃れる孤独を。われわれの嘆願を聞き入れて、救いを求めた人たちと意思疎通されるように。本当に主は、近くて応答されるお方である。

【註】財産や名誉が、俗欲として集中攻撃にあっている。クルアーンでは、子沢山と資財が非難と警戒の象徴的な対象である。そして孤独の功徳の大きさが注目されている。それは知識と宗教の真の価値と効力を温存し、純粋にし、強化すると見られているのだ。現世の乱れや汚れを脱するための宗教であるから、両者の関係はあくまで逆位置に設定されるのであろう。そのような孤独は、しかしどこにあるのか。それは人の心の中にあるべきなのであろう。もちろん吉田兼好が好んだ山寺のようなものも想定されるとしても、その山寺を人の心の中に樹立することはできないのか。イブン・アルジャウズィーは、それが可能と言っているようで

もあるし、一方ではそれは難しいと言っているようでもある。底本一八八番。

二〇、生きることで精一杯

この書物において、私は幾度もこのことを繰り返し言ってきた。それは、信者は生活を重視して、支出を無理しないということである。

昔は公庫から資金が出たし、また同胞も同様にしてくれた。市民からもあった。しかしそれらすべては、昔語りとなってしまったのだ。そして知識を求める者たちや、崇拝に明け暮れる者たちは、可哀そうな結果になった。特に家族持ちはそうだ。

今ほど惨めな時代はない。糧を提供する人もいなければ、貸し付けをする者もいない。そこで信者は、場違いなところに顔を出さなければならないのだ。また不適当な事態に直面もする。

家族を少なくして、糧を見いだし、服の穴も繕わなければならないのだ。だから生計が立つならば、礼拝ばかりし、知識を求めてばかりいるよりも、その方がいい。そうしなければ、不適当な収入源にその人の信仰は失われてしまうし、低俗な者たちからの支払いを受けることとなってしまうだろう。

【註】昔日のイスラームの社会で、信仰に篤い人には支援が公的にも私的にあったという。その当時の状況が偲ばれる。それを理想として、五〇〇年ほど後の一二世紀においてもその姿を追い求めていた人たちが相当いたことであろう。イブン・アルジャウズィー自身は、豊かな家庭の出自《しゅつじ》であり、恵まれていたようである。本節の趣旨を、時代錯誤だけは避けるべしと理解しておきたい。それは今でも妥当する訓戒である。底本二七九番。

二一、妻への親切さは男気のうち

私のところにある男がやって来て、自分の妻が気に入らないと言って苦情を述べた。そして次のように言った。「事情がいろいろあって、離婚もできない。その一つは、彼女への借金が多いこと。自分は忍耐強くなくて、すぐに彼女が嫌いだということが分かるような言葉を吐いてしまう。」

そこで私は答えた。

「それでは良くない。家に入るのは、正面からにすべきだ。つまりまずあなたは一人になって、自分が彼女に頭が上がらない（アッラーの試練を受けている）のは、自分の罪のためだということを知るべきだ。そして改心して、アッラーのお赦しを熱心に請うべきである。怒鳴ったり傷つけたりすることは、何の役にも立たない。

それに関して、アルハサン・イブン・アルハッジャージ（既出、一〇〇一年没）が述べたのは、懲罰はアッラーからのものだから、それに対して刀剣で歯向かうことのないように、それはお赦しを請うことで受け入れるものだ、というものであった。

あなたは試練を受けているということを知りなさい。クルアーンに言う。

「あなた方は自分たちのために善いことを嫌い、自分のために悪いことを好むかもしれません。」（二：二一六）

だから至高なるアッラーの定められるところ（運命）には忍耐強くして、そして容易さを願いなさい。そうすれば赦し祈願と罪の改心、そして運命への忍耐と、さらに容易さの嘆願もあれば、それでもう帰依の三本柱が揃っている。そのいずれに対しても報奨があるだろう。

そして無益なことに時間を浪費しないように。また運命を遠ざけることができるなどとは、思わないように。

「もしアッラーがあなたを災厄で触れれば、かれの他にこれを取り除く者はいません。」（六：一七）

ある話をしよう。ある日、アブー・ヤズィード（既出、八四九年または八七五年没、ホラサーン生まれのイスラーム学者）の家に兵士が（彼を殺そうとして）入って来た。そこへアブー・ヤズィードが戻ってきて、彼を見たので、立ち止まって教友たちに言った。家に入って、あそこにある土塊を持ってきてほしい、それはいかがわしい方向（不浄な手洗い）から来たものだ。そこでその土塊が持って来られるのを見たその兵士は、家を出て行った。

ところであなたの妻に対して危害を加えるのは、全く方向違いである。彼女はあなたにとって（アッラーからの）試練なのだから（それを受け入れて）、あなたは（彼女に立ち向かうのではなく）何か他のことで手一杯にすべきである。

先達で悪くののしられた人がいたが、その人は自分の頬を地面につけて、『アッラーよ、この男でもって私を試されていますが、お赦しください。』と言ったそうだ。」

以上の私の話を聞いて、（この話の冒頭で）やって来た男は私に言った。「妻は私を非常に愛して、とても良くしてくれるが、嫌いだという気持ちは抜きがたいのです。」

そこで私は言った。

「至高なるアッラーは、あなたが彼女に忍耐強くしていれば、きっと報奨を与えられるだろう。アブー・ウスマーン・アルナイサーブーリー（九一一年没、有名な神秘主義者）は、あなたの行いで報われるべき最善の行為は何ですか、と聞かれた時に、彼は言った。『若い頃、家族が私に結婚させようと必死になったが、私は断った。だがその女性はやって来て、アブー・

ウスマーンさん、私はあなたが好きなので、アッラーにあなたが私と結婚するようにお願いしますと言った。そこで私は彼女の父親を呼んだが（結婚を受け入れた）、彼は私を結婚させて大いに喜んでいた。他方私は彼女と共にいる際に、彼女は片目で酷く片足は不便だということを知った。彼女の私に対する愛情のために私は外出もせず、彼女を喜ばせて、私の嫌悪感は決して現さなかった。それはまるで、嫌気がさしたことで、燃える石炭の上にいる（耐え難い）ようだった。こうして彼女が死ぬまでの一五年間を頑張った。それは彼女を幸せにしていたという、私がしたことで報奨に価する、最善の行為であった。』」

次いで、私は言った。

「これこそ男のすることだ。試練を受けた男が、嫌悪感からわめいても何の役にも立たないのだ。私が言ったように、改心、忍耐、そして容易さを求めること（嘆願）の三つが正しいやり方だ。そしてこれは自分の罪のためだということを忘れずに。そうすれば清算時、あなたは幸せだろう。忍耐強くするということは、運命に対する帰依行為なのである。彼女への愛情を示し続けること、それはたとえその端緒がなくても、そうするのである。拘束することは罪でもなければ、それが非難されることもない。ただその拘束を手にしている者（アッラー）と共に生活することが必要なのだ。そうすれば平安が訪れるだろう。」

【註】忍耐を強調するのは、現代の結婚観とはずいぶん異なる。ただし注目したいのは、そのような羽目に陥ったのは、実は自分の罪のためだという実話である。アブー・ウスマーンは、結婚を家族の意見に反しても断っていたということがあった。つまりそこで十分の配慮をしなかったという問題が初めにあったのだ。さらに言えば、その男自身の欲している結婚について、はっきりした考えを持っていなかったということになる。不用意さである。そこをこの片目の女性が割り込むこととなったのだ。苦しさは試練であり、その試練の原因は自分の欠点であり、自らの罪である。そこで試練に対しては抵抗の刃ではなく、忍耐で対応することとなる。それはやがて来る清算の時に、報奨の対象となると信じるのが正解とされる。底本二九七番。

二二、完璧さは主の企画

驚くべきことだが、至高なるわれわれの擁護者（アッラー）は、好んで近くに置かれるものは、すべて外見も中身も完璧なものに限られるのである。しかし外見とはいっても、それは形態の良さではない。姿の完璧さはその中庸にあるので、中庸は（姿の）良好さに欠けるところもある。中身の良さが中庸に繋がるが、中身の良さとは人徳の完璧さであり、汚れのなさであり、卑怯さや悪性のかけらも見当たらない。中の善さは、外の善さ同然である。ムーサーを見る人全員が、彼を好んだ。預言者ムハンマド（アッラーの祝福と平安を）は、満月の夜の月のようだと言われた。彼の周りの信者たちは、色は黒くても、外見は良く、内心から感じよかった。

人の外見の姿と内心の性格の完璧さによって、その行為の良し悪しや、主への距離感が定まるのである。門番や門の係や側近など、人はいろいろだが、完璧な人は稀《まれ》である。内外共に完璧な人は、一〇〇年に一人くらいかも知れない。

そういった完璧さは、努力して得られるものではないだろう。いや、むしろその立場がそうさせるのだ。つまり立場によって努力することとなり、足りないところに努力を傾注するのである。

これは基本的に人為の範囲を超えており、それは天賦《てんぷ》のもの（ジブラ）であり、アッラーが望まれれば、そのように準備されるという事柄である。

【註】預言者ムハンマドは中肉中背であったそうだ。だから見上げるような雄姿ではなく、中庸であったといえるのだろう。しかし人徳は言うまでもなく、光り輝き、見る人をして自然と従わせた。このようにアッラーが好まれる姿を愛することは、人のアッラーへの敬愛に通じる

とされる。「あなた方がもしアッラーを敬愛するなら、わたし（預言者ムハンマド）に従いなさい。そうすればアッラーはあなた方を愛され、あなた方の罪を赦されるでしょう。」（三：三一）底本三〇六番。

二三、自らを精査する者の幸福

生きていながら生きる意味が分からず、分かってもそれに則っていない人がいるのには驚かされる。人生は短い。それなのに、そういう人は寝てばかりいたり、怠慢で、無駄話をしていたり、快楽を追いかけてばかりいる。実は彼らの日々は、仕事の毎日でなければならないのに、空き時間だらけという始末。

人の常（蓄財）に反してイスラーム法では、（一定の）資財を供与することとなっている。しかしながら、結局はけちで通して、死の床に着くまでそれで通す人もいる。そしてその時が来ると、私の死後は遺産を私から離して（寄付をして）、あれをしろ、これをしろと言い残す。しかしそういうことはどこで実施されているのか、実はあまりされていないまま（相続される）なのである。あなたが元気な間に供出するように求められるのは、安泰な時にそうするのは難しいという人の常に反する（試練の）ためである。そこで理性ある人は、（上記の）

両者の間に大きな違いを見いだすのである。

満足を知る人は自分を見直し、理性の命じるところによって行動する。そして限界のある時間を活用し、その時が近いことを知っている。

何ということか。蓄財が何になるのだ。それは記帳簿の善行にも加えられないし、歴史の栄誉にも上げられない。アブー・バクル（初代正統カリフ、六三二―六三四年在位）の多額の喜《き》捨《しゃ》と、サアラバ（・ブン・ハーティブ、六二五年没、預言者の求めに対して喜捨を拒否したことがあった）の吝嗇《りんしょく》について、聞いたことはないのか。

ハーティム（・ターイ、イスラーム以前の気前のいい接客で知られた逸話上の人物）を称える声とアルハバーヒブ（客に火も点けないほどの吝嗇家として知られた諺の人物）のけち振りの影響に気付くことはないのか？

何ということか。もしあなたは富で試みられれば、あなたは救済を求める。そしてあなたはある夜、病気で体を試みられれば、不満たらたらである。あなたはそれでも望んだものを得るかも知れないが、それではアッラーのあなたに対する権利は満たされない。

「災いあれ、量を減らす者に。」（八三：一）

この隠された分量の中にこそ、あなたの永久の報奨が潜んでいるのだ。主は至高である。人々に理解を供されて、彼らの身体を疲れさせられた。それ以外の人びとの心は覆われて、その存在を無きものにされた。

理性ある人はどうしてその身体を疲れさせないでおこうか、その目的は運命（天国）なのである。僕よ、あなたはその創造において、真実（アッラーの存在）が明らかになっていることを見ないのか？　いやいや、アッラーにかけて、あなたが存在することが、アッラーの存在証明なのである。そしてアッラーのあなたへの恵みが、彼の素晴らしさの証明なのだ。

あなたを他のすべての動物よりも優先されたのだから、あなたの心の中のすべての願望よりも、彼のことを優先すべきである。

アッラーを知らない人は、絶望だ。彼に背く者は、貧しい。彼以外に誉れを見いだす者は、恥辱だ。そして彼以外に奉仕しようとする者は、失敗者だ。

【註】蓄財を図る原因としては、生存本能や自己防衛に根差している面は大きい。だからそれは本能でもあるが、それだけにそれは強制的に自粛措置が必要となる。人間の共同生活では、利己主義ではなく利他主義の必要性もあるからだ。そこで本能を試す喜捨が編み出された。それは喜んでするものだから喜捨であり、それはアッラーへの義務を果たすことになるから浄財なのである。そしてアッラーのものは、アッラーにお返しするということになる。こういった次第が、理性ある者には呑み込めるはずだというのが、本節の趣旨。最後にある文章は

強烈だが、一番ポイントを突いている。「アッラーを知らない人は、絶望だ。彼に背く者は、貧しい。彼以外に誉れを見いだす者は、恥辱だ。そして彼以外に奉仕しようとする者は、失敗者だ。」底本三二〇番。

二四、海にある真珠

知識の愛好家でなければ、その深みに陥ることはない。その愛好家しか、嫌いなことを耐え忍ぶこともない。そうしたことに没頭するために、その人は収入からは遠ざかることとなる。また名士たちや同僚から遠ざかるから、必然的に貧困が付きまとうこととなる。そうすると、次の声が聞こえてくる。

「こうして信者たちは試みられ、かれらは酷い動揺に揺さぶられました。」（三三：一一）

心で試練を恐れると、次のように言う声が聞こえる。

　ナツメヤシの実を食べて、栄光を思うなかれ、

　　栄光に達するのは、アロエを舐めてからになる。

アフマド・ブン・ハンバル（既出）は勉学を選択したが、貧しかった。そしてその貧困のため、結婚もしないで四〇年間頑張った。だから貧者はアフマドのように、貧困に忍耐強く

ならなければいけない。彼ほどに我慢できる人はいるのだろうか？　彼は、五万の資金を断って、酢漬けを食べ、塩を舐めて暮らした。彼が称賛されたのは気紛れではなく、また人の足がその墓に向かうのは、（慣例ではなく）意味を込めて行われた。彼を称える声は広まり、全存在を飾る美で埋め尽くされ、あらゆる恥辱を消し去る誇りで満たされたが、それらは現世のものである。一方来世での報いは、知らされないままである。

大半の学者の墓は、誰も知らず、誰も訪れようとしない。彼らは支配者に許しを与え、取り入って、交わっていた。そして知識の恵みは消失し、威厳は失われ、死に臨んでは悔いるばかりであった。本当に避けられない失敗で、償えない損失である。そして快楽をいつもむさぼり、常に悔やみで一杯だった。忍耐よ、ああ忍耐だ、高徳を求める人よ、いい加減な快楽や怠惰な安楽は、悔いを残して消え去るだけだ。アルシャーフィイー（既出、八二〇年没）は言っている。

心よ、それは日々の忍耐でしかない、その長さは、乱れる夢のようだ。

心よ、自らこの世を越えろ、そしてそれを捨てろ、何故なら生活は先にあるから。

貧しい学者よ、権力者の王権はあなたを喜ばすのか、そしてあなたが学んだ知識なのに、それをあなたは知らないことになるのか？　いやいや、覚醒している人であれば、それは好まないのだ。もしあなたが何かいいことを思いつき、素晴らしい意味合いを見つけたら、あなたはその感覚的な快楽からは計り知れない喜びを見いだすだろう。

人の知る俗欲は禁じられ、生活の要素は共有しているものの、ほとんど問題にならないような些末《さまつ》なものしか、（貧しい学者には）残されていないのだ。

しかし彼ら（一般人）は来世の戸口で危険に会うだろう。しかしあなた方の多くは、安泰であろう。だから兄弟よ、状況の結果を見て、徳目に逆らう怠慢を制圧するように。多くの学者は、失敗と悔やみの中を動き回り、何も分からないままに死去していった。われわれの長老である、（イブン・）アルザグワーニー師（・アルバグダーディー、一一三三年没、ハンバリー派法学者）を夢に見た。長老が言ったのは、あなた方の多く（大衆）が陥っているのは無知であるが、われわれの多くが陥っているのは後悔である。

だからアッラーの支援を得つつ、（俗欲に）捉えられる前に逃げろ。そして無様な腐敗の欲望の契約は破棄しろ。人徳は楽ばかりしていては得られず、見過ごすことは善行を恥さらしにする。急げ、そして急ぐように。息が続いて、死の天使はまだ来ないので、固い決意で立ち上がれ。

決心すれば、彼の両目の間には決意が現れて、
その結果について語るのは止める。

自分以外で相談なしで同僚にして嬉しいのは、

刀の取手だけだ。

世俗の決意であれば、それに従う者と共に拒絶するように。そしてアッラーは世俗者を現世において祝福されるとしても、われわれ（本当の学者）の方が豊かであり、彼らは貧者である。イブラーヒーム・イブン・アドハム（既出、七七一年または七七八年没、アフガニスタン出身のスンナ派学者）が言った。

「もしも国王やその子弟たちが、われわれが知っていることを知るならば、必ずや刀剣でそれを剥ぎ取ってしまっただろう。」

現世の子弟は、禁止されたものか、あるいはその疑念のあるものしか食べないくらいだ。もしその者自身でなければ、その同僚がそうするし、またその者は同僚の信仰薄弱なことを気にもしていない。家を建てれば労務者を酷使するし、資金を集めれば怪しげなところから持ってくる。彼らの誰もが互いに恐れているのは、殺され、追い払われ、誹謗されること。彼らが恥ずべきは、その（明らかな）欠損部分である。

他方われわれ（学者）は、イスラーム法の明確に許すものを食べているし、敵を怖がることもないし、またわれわれの管轄区が孤立することもない。この世での栄誉は彼らではなく、われわれにある。人びとはわれわれの周りに集まり、われわれの手に接吻して来るし、彼らのわれわれへの敬意は大変なものがある。だから、彼我は来世においては、互いに大違いだ、もしアッラーがそう望まれれば。

もし世間の人たちがわれわれの首に（近くに）集まるならば、われわれはいかに優位にあるかを知ることとなる。もしその手がわれわれに何か与えるので高圧的になるなら、節制の甘さの方が口に良いだろう。与えられた苦しさよりは、減った分の方がまだ良い。それはない食物であり、ない衣類に相当する。しかもそれは、数日で終わることだ。

名誉ある精神だけが求めるはずの知識を求める名誉ある人が、金銭でしか栄誉が得られない人や、権力からしかそれが得られない人に対して、どうして（自分の名誉を）浪費してまで与えるのか、全く驚かされる。アブー・ヤアラー・アルアラウィー（没年不詳、詩人で、一一〇六年、バグダッドに到来）は、私に歌ってくれた。

多くの人には皮膚の傷があり、それは火傷になってしまった。

訳あり資金の（背景が）彼らに隠されているが、

（覆いが）取られると、あなたは隠されていたものを見るのだ。

アッラーよ、睡眠をむさぼる連中から、われわれを目覚めさせてください。目覚めた人の思考を与えたまえ、そして知識と理性に従った仕事を成功させてください。本当にアッラーは近くて、お答えになるお方。

【註】大海の中で輝くのは真珠であり、真珠とサンゴがアラブ人の好んで用いる、貴重品の比喩であるので、本節はそれに倣って命名した。本当の学者はよほどの覚悟がないと、一種の宮廷官吏や芸人に成り下がる、というのがイブン・アルジャウズィーのいつもの論調である。特に法学者は、統治者に事後的な承認を与える制度に組み入れられていた。こうして彼の孤独を勧める議論も熱が入ったのであろう。本節の内容に新味は薄いかもしれないが、多岐に渡る引用などが注目される。底本三四一番。

二五、結婚生活の基本は愛情であること

理性ある人は、良家から善行の女性を選び、その女性は夫がもたらすもので満足いくために少しは貧しく、また男性との年齢差はあまりない方がいい。高齢な男性が若い女性を娶《めと》ると、女性は傷けられるかも知れない。そして女性は姦通をしたり、場合によっては夫の殺害を図ったりするかも知れない。あるいは夫の方が離婚を余儀なくする際は、その妻を愛しているならダメージがあるだろう。

妻は夫の欠点を、良好な行いで補い、また支出を多くする事（底本では、「多く」というのは経験的に言って間違い、との脚注がある）。また妻は夫に近すぎて、飽きられることがないよう

にし、逆に遠すぎて、忘れられないようにしなければいけない。また近いときは、完璧に清潔で美しくし、その秘めた部分や全身を見られることはないように。というのは、人体はあまり目に楽しいものではない。同様に夫もその全身を妻に対して露わにすることはないように。性交は床の中でする。

ある日、キスラー（既出、五七九年没）は動物が皮を剥ぎ取られて、料理されるところを見てしまったので、すっかり動顚《どうてん》してしまい、肉を食べないと言い始めた。それを大臣に言ったところ、その大臣は言った。「国王よ、肉は食卓の上で、そして女性は床の中で。」つまり、それ以上は詮索するな、という意味である。

アーイシャ（六七八年没、預言者ムハンマドの三番目の妻）は、「預言者も私も互いの秘めたところは見たことがない。ただある夜のこと、彼は急に裸で立ち上がったので、彼の全身を初めて見ることとなった。」と言った。

こうしたことが賢明なのは、それで男性はその女性の欠点を見ることがないからだ。各自が床を持っていて、近寄る時は互いに完璧な状態を保つこと。人によってはこういうことを軽く考えている。しかしそれでは妻は夫のことを、子供たちの父親とだけ考えるようになり、つまらなくなる。他方夫の方も同様で、妻をつまらなく思い始める。そして互いに、良くないところを見るようになり、心は離れ、共同生活も愛情の欠けたものになってしまうだろう。

以上は熟慮して実践すべき徳目であり、重要な原則でもある。

【註】本章三節「結婚の知恵とマナー」では、夫婦は付かず離れずの関係が勧められた。ここでも基本的には同じ教説である。そうすることで、馴れ合いでもなければ、疎遠でもない、微妙なバランスを発見しろということになる。そしてその底流は、愛情であるとしている。一二世紀のイスラーム社会の、今に通じる新鮮さを感じさせる一節である。底本三六九番。

第四章　知識と学問

知識に関しては、すでに本書で相当見てきた。その中で、著者自身が知識を定義していた。「ここで私は知識とは、知識の原理の理解という意味に使っている。いろいろの物語を読んでいるとか、あるいはさまざまな見解に精通しているといったことではない」（本書二：八）。こうして知識の語義としては、広狭の両様があるので読み進める際には区別しよう。またこれも本書にすでに出たが、「理性はアッラーの賜物」（二：一七）であり、理性とは、アッラーから与えられた論理的思考能力ということになる。また学問とは信仰に関する分野のものが念頭にある。だから学者（アーリム）も信仰に関する学識者であるが、別途、智者（ハキーム）の用語も登場する。ただし智者は、アッラーを指すこともある。

各節のタイトルを見れば、ここまでの論述からしても、ほぼその内容は想像が付くものが多い。著者自身が法学者であったわけだが、イブン・アルジャウズィーは神学や神秘主義には余り重きを置いていない。余計な議論や祖先にはなかった帰依行為を持ち込み、過剰な禁欲を強いていることを問題視している。ハンバル派法学の推進者であった彼の、真骨頂でもある。

一、完璧な理性

完璧な理性の印の一つは、高い志である。それがなければ、低俗である。（詩に言う）

人の欠点で最悪は、

できるのに、完璧さを狙わないことだ。

【註】高い志と言えば、直ちに想起されるのは、「青年よ、大志を抱け」などの周知の言葉であろう。その志の中身を問うものではないにしろ、中世社会での標語と現代のそれが余りに酷似しているのは、恐ろしいくらいである。そして当時の人たちの生き様《ざま》が、この短い一節により直ちに伝わってくるところに、翻訳作品が提供する固有の直球力を感じさせるものがある。なお右の詩の出典は明らかではない。底本七番。

二、知識に従う者が最良

人に望まれるのは何かということを、考えてみた。それは（アッラーの前での）低い姿勢、そして弱点と欠陥の意識ということである。

活躍する学者と禁欲者に分けて考えてみた。学者の方では、マーリク（七九五年没、マーリキー派法学の祖）、スフヤーン（既出）、アブー・ハニーファ（既出）、アルシャーフィイー（既出）、そしてアフマド（・イブン・ハンバル、既出）である。禁欲者では、マーリク・イブン・ディナール（七四八年没、預言者の従者の一人）、ラービア（・アルアダウィーヤ、七九六年没、女性の神秘主義者）、マアルーフ・アルカルヒー（既出）、そしてビシュル・ブン・アルハーリス（アルハーフィーと同一人物、八四二年没、バグダッドの禁欲主義者）である。

帰依する者（禁欲者）たちは真剣に服従するたびに、「この勤行の功徳は自分たちを出ないが、学者のそれは広まって行く。だから彼らは、預言者の後継者であり、地上におけるアッラーの代理人である。人びとは彼らに依拠し、また彼らに人徳がある。」と言って自分を責めた。そうして彼ら（禁欲の帰依者たち）は、打ちひしがれてその状況を認めた。だから、マーリク・イブン・ディナール（既出）は、アルハサン（・アルバスリー、七二八年没、著名なバスラの禁欲主義者）のところに来て言った。「アルハサンは私の先生だ。」

一方学者たちは知識では一歩先に出ているが、彼らも自らを責めているのである。「知識だけで、行動は起こさなくていいのだろうか？」

そこでアフマド・イブン・ハンバル（既出）は言った。「知識の目的は、マアルーフ（既出）のようになることだ。」またスフヤーン・アルサウリー（既出）は言った。「私の手は切られて、預言者伝承を書くことがなければ良かったのに。」

ウンム・アルダルダーィ（母親、法学に明るかった）は、ある男に聞いた。「知っているように、行動しましたか？」それに対して、その男は、いいえ、と答えた。そこで彼女は言い返した。「ではどうして、あなたに対するアッラーの命令に関して多弁なのですか？」そこで、アブー・アルダルダーィ（父親、六五三年没、教友の一人）は言った。「知っているのに一度も実行していない人に、災いあれ、また知っていたのに、七〇回しなかった人に災いあれ。」

アルフダイル（八〇三年没、イスラーム学者）は言った。「無知な人は七〇の罪が赦されるが、知る人は一つの罪しか赦されない。」クルアーンに言う。

「知っている者と、知らない者と同じであろうか。」（三九：九）

スフヤーンはラービア（既出）のところに来て、彼女の席でその話から学んでいたという。

こうして学者たちは、知識というものは、それによって行動するということが目的であり、それは道具であることを示している。そして彼らも打ちひしがれ、欠陥を認めた。双方共が（アッラーの前での欠点を）認め、そして恥辱を覚えた。彼らが認めたことにより、知識は彼らに真実の帰依（のあり方）を示したが、それ（を示されることが）が服従することの目的でもあるのだ。

【註】知識と行動については、本書でも幾度か登場する。本節では学者と禁欲者が互いに自らの欠点を認め合う格好で、均衡が見いだされることとなる。そして著者の言いたいポイントは最後の結論部分だが、知識の役割は学者に行動欠如を諭し、禁欲者には知識の功徳の大きさを悟らせることにあるので、帰依することで両者共、実態（アッラーの下での真実）を知ることとなる。言い換えれば、それが帰依することの目的であると指摘していることにある。底本二五番。

三、知識と行動

私の心は知識を好み、他の何よりも優先する。そして証拠を重視して、他の追加的な帰依行為よりも知的作業の時間を好んでいる。心は言う。「知識を他の帰依行為よりも一番好んでいることの証左としては、礼拝や断食といった帰依行為で忙しい連中は、何か基本で狂ってしまっていると見るのだ。」私自身はこういった方向（知識重視）にあるし、正しい見解を持っていると思われた。

一方知識で忙しくしている傍ら、私の心は立ち止まり、次のように叫ぶのだった。「一体知識は何をあなたに与えたのか？（アッラーに対する）恐怖心はどこに行ったのか？（来世に対する）不安はないのか？（最後の行き先に関する）警戒心はないのか？

礼拝し尽力する最良の信者たちのニュースとして、あなたは何を耳にしたのか？

預言者（アッラーの祝福と平安を）は全ての御主人様だったが、両脚が腫れるまで礼拝されていたのではないか？

アブー・バクル（既出、初代正統カリフ）は（礼拝の時は）すすり泣き、多くの涙を流していたのではないか？

ウマル（既出、第二代正統カリフ）の頬には、涙でできた二本の線があったのではないか？

ウスマーン（第三代正統カリフ、六四四―六五六年在位）は、一回のラクア（礼拝の単位）の間に、クルアーン全巻を読誦したのではなかったのか？

アリー（既出、第四代正統カリフ）は、夜に彼の礼拝室で髭が濡れるまで泣いて、次のように言ったのではないか。『俗世よ、わたし以外を捉えるように。』

アルハサン・アルバスリー（既出）は、生涯を（来世への）不安感で過ごしたのではないか？

サイード・ブン・アルムサイイブ（七一三年没、マディーナの第一世代の従者）はマスジドに常住していたので、四〇年間、金曜日の集団礼拝を欠かしたことがなかったのではないか？

アルアスワド・ブン・ヤズィード（六九四年没、従者）は、顔色が緑や黄色に変わるほどに、断食をしたのではなかったのか？

ビントゥ・アルラビーウ・ブン・ハイサム（父親のアルラビーウは六八四年没、従者）は、彼（父親）に一体全体、皆は寝ているのに、あなたは寝ないのは、どうしてですかと聞いたのに対して、彼は答えて言った。「あなたの父親は、墓の苦痛を恐れているのだ。」

アブー・ムスリム・アルハウラービー（六四二年没、イエメン出身の従者）は、礼拝中に怠惰になったら打たれるように、マスジドの壁に鞭を掛けていたのではないか？

ヤズィード・アルルカーシー（七三七年没、バスラの禁欲主義者）は、四〇年間、断食したのではなかったのか？　そして言っていた。「私に災いあれ、帰依者たちは、私より先を行っている。」

マンスール・イブン・アルムウタミル（七五〇年没、クーファの従者）は、四〇年間、断食したのではなかったのか？

スフヤーン・アルサウリー（既出）は、（アッラーへの）恐怖から血を出して泣いていたのではなかったのか？

イブラーヒーム・イブン・アドハム（既出、七七八年または七八一年没、アフガニスタン出身のスンナ派学者）は、恐怖から尿に血が混じっていなかったのか？

アブー・ハニーファ、マーリク、アルシャーフィイー、そしてアフマドら四人のイマーム（指導者で法学派の祖）たちの、禁欲振りや帰依振りを知らなかったのか？

あなたたちは、知識だけを追いかけて、（帰依の）行動を伴わないことに用心しなさい。それは永久の怠慢状態である。

　ゆっくりとあなたからあなたへと、受け取りなさい、
　　あなたの生活は受け止められて、逃げて行かなかった。
攻撃を恐れなさい、それは障害を除かず、
　　また元来たところに、戻るかも知れない。
あなたの姿を見せなさい、どんな部隊であっても、
　　それを（審判に臨む）集団の香水の中に入れるだろう。

【註】知識を求めるあまり、礼拝はもとより種々の儀礼や帰依行為に力が入らないという問題は、恒常的なそれとしてイブン・アルジャウズィーは繰り返し指摘する。他方人徳の高潔さで知

られる歴史上の人物は、多くは行動の人であったことを示すのが、本節の趣旨である。儀礼はアッラーのためであるという意味で、向かう方向が一律であり鮮明だ。他方学問の向かう方向は、人的関係などの現世的なものであるかも知れないし、アッラーかも知れないという不確かさが伴う。自らは知識優先であるという性向に鑑みて、著者の悩みは尽きなかったことと推察される。

それだけに学者は富や権力に媚びないようにしなければならないという訓戒に、自ずと力が入って来たのだろう。知識追及を俗欲から切り離してその純粋性と精神性を護持することで、篤い帰依者たちの純粋性と精神性を追いかけなければいけないという姿勢が導かれる。現代文明では、アッラーを追いかける姿勢は駆逐されている。その代わりに支配している原理は、実益や人道性など不確かなものしか残されていない。現代人には包括的な価値体系や総合的な枠組みが知られていないからだ。こうして改めて、文明の危機にまで思いが及んでしまう。底本四〇番。

四、知ったかぶりする者

知識があると言い張る人びとは、原典を文字通りに受け止めて、（創造主と被造物が）似ているという主張に走る傾向がある。しかし原典をそのまま受け止めている以上、事態は平穏であった。そのまま受け止めることで反対者もなく、彼らのあり方は賛成もなく反対もないという事態であったのだ。

しかし一部には知識が十分でなくて、文字通りではなく、ある種の解釈を下す者たちは（異なった事態となったが）、もし彼らがアッラーの言葉をもっと広く解釈していれば、そういうこともなかったのであろう。

文字通り受け止める知識人というのは、アルハッジャージ（・アルサカフィー、既出、七一四年没、ウマイヤ朝の軍司令官）が、彼をアルハンサー（六四五年没、女性詩人）が称賛して次のように歌った時に発した言葉のようなものである。その詩に言う。

アルハッジャージが病気の土地に舞い降りた

最悪の病に襲われたが、それは治癒した。

劣悪の病を治したその土地には、

一人の少年がいて、彼が運河を飛び越えた時に、治癒したのだった。

これを聞いてアルハッジャージは書記官に、彼女の舌を切ってしまえ、と言った。そこでその不注意な書記官は、ナイフを持ち出してきたのだった。何ということを、と彼女が言ったところ、アルハッジャージは、（自分が言ったのは）褒美を与えるようにとの意味なのだ、と言った。ただ彼女は、本当に切られるところだった、とアルハッジャージに訴えた。

アルザーヒリーヤ（九世紀に始まった法学派、クルアーンとハディース以外の法源を拒否）の連中も同様で、そのままを受け入れるだけでは収まらなかった。一方クルアーンや伝承を読んで何も加えない人を、私は非難するだろうか。それは祖先の方法でもあったのだ。

例えばハディースではこう出ている、あるいはこうしなければいけない、といった調子である。だから、アッラーはご自身で玉座に座られた、あるいはご自身で下の空に降りたとするのである。それらは、理解を感覚的に増加しているのであって、テキスト通りではないのだ。イブン・アブド・アルバッル（一〇七一年没、イスラーム学者）というアンダルシア出身の人が、『序説』という書物を著した。その中でアッラーが下の空に降りる話について、これはアッラーが玉座の上におられることを意味していると記した。しかしこういったということは、彼は完全にアッラーに関して無知であることを示している。なぜならば、彼は物が下へ降りるという動作から、アッラーの事柄を測っているからである。こういった人たちは、どれほど原典に遠いことだろうか。彼らは解釈する人たちに比べても酷い口調であるが、それでいて彼らは思弁的な神学者たちを非難するのである。

正しい導きを求める者たちよ、理性と継承が堅固な二つの原則であり、原典もそれらに依拠しているのである。継承については、「何もかれに似たものはありません。」（四二：一一）とされる。これから理解されるのは、われわれが感覚的に考えるところをアッラーの属性として加えてはならないということである。

もう一方の理性についてであるが、それは創造主と被造物とを区別して、被造物には変化を認め、それへの影響を認めることで、創造主の永久なることを導き出した。反応を示す人の中で言葉の性格を理解しない人には、本当に驚かされる。（一例を挙げると）確かなハディースによると、死は楽園と地獄の間で殺されるとある。しかし理性的には、そのまま（文字通り）であれば真実と異なることは目に見えているのだ。というのは、死は何であるかが分かっているからだ。死とは、生命の終わりであり、死が殺されるということはありえないということになる。そこで、死に死があるというハディースをどう考えるかという質問に対する回答は、（必要な解釈として）それは感覚的な死の様子を示していて、終焉を教える一つの表現だということである。

他方、確かなハディースには（最後の日には）雌牛章とイムラーン家章が二つの雲のようにやって来るとある、といった説明を提示する人たちも（学者の中には）いる。彼らの反応は、言葉と雲とは違うし、似てもいないということだ。そこで今度は、（右のハディースのように）継承されたものを否定するのか、と問われると、それ（死）は報奨という意味かも知れないと切り返す。そこでそのように解釈を曲げる根拠は何かと問われるだろう。それに対しては、言葉は物的な身体とは異なるということで、死は動物のように殺されるものではない、と言う。そして本当にアラビア語の用法は広いことだ、と付け加えるだろう。

全くああ言えば、こう言うである。聞くのも大儀である。こういった学者たちは、本当に雌牛章の解釈と死の殺害については、その主張を繰り返すのだとする。それに対して次のように言えるのではないか。

「あなた方は、死と言葉に関して適切でないものは捨象するが、その理由は、あなた方はそれらの真実に関し、知っているものを擁護したいからだ。しかし他方ではあなた方は、永劫の主についてその被造物と似ざるを得ない事情（感覚的な理由）は、創造主は被造物からはいろいろかけ離れている証拠が揃っているのに、どうして捨てないのか。」

彼らはこういった証拠にもかかわらず、いまだに議論を続けているのだ。そして次のように言っている。われわれは終わるまで終わらないし、（真実が）波及するまで認めることはない。


【註】天国のことはこの世の言葉で表現し、描写されざるを得ない。アッラーのこともそうであって、この世の言葉はすべて「そのような」という類推を促すための手段でしかない。しかし創造主はあくまでこの世の事柄からは超絶しているという構造である。擬人化などの解釈が始まったが、それらは他者を絶対主と並列に置く発想（シルク）を招くものとして最も警戒

されてきた。イブン・アルジャウズィーもそのような知ったかぶりの解釈学派を拒否している。ところが実際は入り組んでいて、一定の所要な解釈がないと「死は楽園と地獄の間で殺される」といったような表現は、適切には理解されないということを、彼も本節で認めているのである。底本四九番。

五、智者の孤独の功徳

学者に一番楽しく、誇りと名誉になり、休息と平安になるのは、何といっても孤独になることである。それによって得られるものは、身体と信仰の平和であり、アッラーと人びとの前での威厳である。いつもそうだが、共にいるとその人は見下されて、その力を大きくは評価されない。カリフたちの力もそうであり、彼らは（人目から）隠されているのである。大衆が学者で行なわれていることについて許可している（支配者に取り入ってもらう）のを見るならば、その学者は軽蔑される。そうではなくて、彼はその知識を大切にして、その知識の力量を発揮すべきである。

祖先の言葉に次のようなものがある。「われわれは冗談を言っては笑っていた。しかし指導的な立場に立つようになってからは、それもできなくなった。」スフヤーン・アルサウリー

（既出）は言った。「この知識を学んで、しっかり守って、決して冗談と一緒にしないこと。そうでないと心はそれを手放してしまう。また（そういう次第だから）人びとのことはよく配慮しなければいけない。」

預言者（アッラーの祝福と平安を）は、妻のアーイシャに言った。「もしあなたの人びとが不信仰について語るならば、わたしはカアバ殿に（昔のように）二つ扉を設けるだろう。」（クライシュ族のカアバ殿再建の際、イブラーヒーム当時より規模が縮小されたのに加えて、扉は東西二つあったのが東側一つにされた。またその扉はクライシュ族の尊大さから、下を見下ろせるように二メートルの高さに設けられた。預言者は祖法に則り元の姿を望み、多神教徒であったクライシュ族の人びとの愚行を悔やんだ。）

アフマド・イブン・ハンバル（既出）は、日没時の礼拝前に二単位（ラクア）の礼拝をするのを人びとが嫌うので、自分も止めたと言った。無知な人は、これは見掛けだというだろうが、そうではなく、それは知識を保護しているのである。このことが示すのは、学者は人前に出るときに、頭には何もかぶらず、手に食べ物を持っていたりすると、人びとの嘲笑の種になるということである。それが許されている事柄であってもそうで、それはちょうど医者の処方箋を節食と間違えるようなものである。だから学者は人前であまり気楽にしないで、その知識を守るように、そして何か許されたことをする時は、人からは遠ざかるようにすべきである。

アブー・ウバイダ（六三九年没、教友であり、最初に天国に入った一〇人の内の一人とされる）は、ウマル・ブン・アルハッターブ（既出）がシリアに到着するときに、彼が両足を片側に下げてロバに乗っていることに気が付いて言った。「信者の指導者よ、当地の名士たちが見ますよ。」何と良いことに気付いたことであったか。しかしウマルは、アブー・ウバイダに原則を教えようと考えていたのであって、こう言った。「アッラーはイスラームであなたに栄誉を与えたが、もしそれ以外に栄誉を求めるのであれば、アッラーはあなたに恥辱を与えるでしょう。」

以上の含蓄は、外見は確かに気付かれやすいが、あなたは信仰以外の外見で栄誉を得ることは考えるべきではないということ。家ではあなたは裸だし、外へ出るときは、服を着て、頭に被るし、外套も付ける。こういったことは、見栄ではなく、高慢さのためであってもいけない。

マーリク・ブン・アナス（既出）は、洗浄するし、香水も塗るし、人と話しするために一緒に座ることもあった。しかしそういったことや、あるいは学者が支配者のところで時間を費やしているようなことには注意を払わないように。孤独はその学者と知識をより良く守るのであって、学者が（支配者のご機嫌伺いで）被る被害は、得るところより何倍も大きいのである。

法学者の雄、サイード・ブン・アルムサイイブ（既出）は、統治者のところへは訪れなかった。そういう評判で、人びとの信頼を得た。これは決意のいる行為である。もし学者が楽しみと休息を得たいのであれば、家に留まるのが一番だ。そして家族とも距離を置けば、生活は安楽になる。ただし家族に会う時間は確保すれば、家族の方もそれを知って、会うために身ぎれいにするだろう。そういった共同生活は、素晴らしいものがある。だから家の中には、一人になれる場所が必要だ。そこで書を読み上げたり、思索に耽ったりするのである。人と会うのは用心して、特に一般人とはそうである。その上で、欲望を阻止するために収入を図って、そうすればそれはこの世における学者の究極の楽しみ方である。イブン・アルムバーラク（七九七年没、教友）は、一緒に座らないのか、と聞かれて言った。「私は行って、教友や従者と一緒に座るのだ。」つまり彼は、本を読むと言ったのであった。

こうして学者が人里から離れて孤独となり、他方著述の素養があるならば、もうそれは快楽の極致である。もし彼に理解が与えられれば、彼は向上してアッラーとやり取りし、またアッラーに嘆願して、死亡前に楽園に入ることであろう。至高なるアッラーにお願いするのは、高い志でもって完璧さに到達することである。また善行ができるようにお願いする。ただしこういった真実の道を行く者の数は、限られている。

【註】イブン・アルジャウズィーの孤独論は繰り返されてきたテーマの一つである。それは山里にこもる必要はないようで、自分の家にそのような場所を確保するということだ。同時に社会的にも相当断絶することを覚悟するというあり方である。いずれにしても、一人になるのに恐怖心を持つようであれば、失格と言うことであろう。それで知識の純粋性と自らの精神性を保つことは、前々節で見たとおりである。孤高の学者は粘菌学の南方熊楠《みなかたくまぐす》や美術史の矢代幸雄のように日本にもいたが、ほんの数えるほどであったことが想起される。底本一六七番。

六、知識人の役目

法学者を創られた至高なるアッラーに、賛美あれ。彼らは物事の目的を知り、創造主の意図を理解する。彼らはイスラームの保存庫であり、アッラーは彼らに最良の報いを与えられるように願う。

悪魔は彼らを恐れて避けようとし、彼らは悪魔に害を与えるが、悪魔は彼らに害を与えることはできない。だから悪魔は、無知な者や理解の足らない者を弄《もてあそ》んできた。最も驚くべきことは、悪魔は最善の人たちをして知識を手放し、さらには知識人に攻撃を仕掛けさせることである。そうすることは、他でもないが、イスラームの法規そのものに対する攻撃なのである。預言者（アッラーの祝福と平安を）が言われたのは、「私から伝えよ。」ということであった。主はさらに、「伝えなさい。」（五：六七）と言われた。

もし知識を求めていなければ、どうやってイスラームを人びとに伝えることが出来ようか。これに関しては、禁欲者として有名な人たちがいろいろ述べたと伝えられる。例えば、ビシュル・アルハーフィー（既出）だが、彼はアッバース・ブン・アブドゥ・アルアズィーム（八四六年没、バスラ在住の禁欲者）に言った。「預言者伝承学者とは席を同じくするな。」またイスハーク・ブン・アルダイフ（アルハーフィーの弟子だが没年不詳）にも、「君は伝承の研究者だから、私の授業には出ないように。」と言った。その後からアルハーフィーは謝って言った。「預言者伝承は、アッラーが望まれた人以外には、不信仰の行為となる。だからそうでない場合は、手を触れない方がいいという意味である。」

一体全体、彼の学生たちがアッラーを求めていないということはないはずだし、また彼らはそれを実施していないはずもないのだ。要するに、行為を二種類に分けることが妥当であろう。一つは、義務的なもので、忘れることはできないものである。二には、義務のない追加的なものである。

預言者伝承を学ぶことは、追加の礼拝や断食をするよりも、善いと思われる。思うに彼（アルハーフィー）は、断食や礼拝を継続的にするという彼独自の（神秘主義の）流儀を指して言ったので、そうであればそれらはしなくても非難されることはない。しかし彼が意味したのが、預言者伝承に深入りするなと言うことであれば、それは間違いである。すべての伝承は貴重なのだから。

人びとが預言者伝承を求めないということになれば、ビシュルしか法官はいないということになってしまう。だから法学者ではない人の言うことには注意しなければならない。そのような人の名前が知られるようになっても、それは気にすることはない。アッラーがその人をお赦しされるように。

【註】預言者伝承は第二のイスラームの源泉であり、法源であるので、その学習は必須とされる。しかし神秘主義からすれば、追加の儀礼の方が重視されることとなった。そこが本節の争点である。しかも神秘主義の訓練方法は非常に変わっており、それはイスラーム本来の姿をゆがめるものとして、非難されたのであった。本節は今の日本からすれば距離感があるが、中世イスラームの全く異なった文化とその社会情勢を垣間見る気がする。底本一八二番。

七、神学の大衆への危険

一般大衆にとって一番有害なのは、神学者である。彼らの言うことを、耳にしてすっかり混乱させられ、教義を混同したものにしてしまう。

大衆が礼拝の仕方も知らず利息のことも知らないままに神学者の席に出ると、（神学者は）彼らに礼拝をサボることを禁止し、利息も止めるようにとは教えずに、クルアーンはアッラーの属性でありそれは被造物であると教えるのだ。そこで大衆はクルアーンを軽視して、それに虚偽の誓いをかけ始めるのである。

神学者に災いあれ。至高なるアッラーがいろいろの目印を創られたのは、人びとになじみやすくする手掛りとするためである。アッラーの家と称されるカアバ殿、玉座とそこへの着席、手や聞くこと、見ることや目、さらには最下層の天に降下されること、笑われること、これらすべては習慣にもなじむ（そして分かりやすくする）ためである。これらの部位の属性よりもアッラーは超越されているのだ。

またアッラーはクルアーンを崇高なものとして見られて、伝承者はそれを傷つけない（不浄な手で触れること）ように禁止された。しかし彼らは、その救済（回避）を許してしまった。彼らは本当にイスラームの法に違反するもので、彼らはイスラームが尊ぶものを軽視するのである。彼らの論争は、本来見解の差のないはずの真実の覚知に近づけるものなのか？　それならどうして、神学者の間にあれほどの相違がみられるのか？

当初の世代はこのような問題は取り上げなかったし、それは原則上の諸問題についても同様であった。そこへ各地の法学者が現れて、アッラーに関する論争を禁じていた。彼らは何を近寄せて、何を遠ざけるべきかを知っていたのであった。そして教友たちの教えるところや、アフマド（・イブン・ハンバル、既出）やアルシャーフィイーといった（法学の祖）の方法に物足りないところがあると、誰であれ拒否してきたのであった。

アッラーが利息を禁止されたことを熟慮してみよう。「（元本の）何倍、さらに何倍にした高利を食い荒らしてはいけません。」（三：一三〇）それから姦淫を禁じられた。「姦淫に近づいてはいけません。」（一七：三二）

だから、読んだとか読まれたとか、あるいは読誦と読誦された、そして昔からか新規なのかと言った諸課題に、われわれにとってのメリットがあるのか？

誰かがわれわれはちゃんと教義を学ばなければならないと言った。それに対しては、祖先の方法が一番明確だと言ってきた。われわれがそのように言う時、模倣しようという趣旨ではなく、われわれには証拠があるということなのである。（アッラーの）本質、偶然、あるいは分けられないものを分けてできた各部分（の議論）などからは、何も得なかったのだ。われわれは、継承の証拠（文献）と理性の手助けに拠っているのであり、不要なものに首を突っ込むことはない。しかしここは、これ以上詳述する場ではない。

【註】イスラーム神学の歴史と変遷は、一大課題である。ギリシア哲学の影響もあって、極端に論理的な議論を推し進めたムウタジラ派の動向は顕著なものであり、本節でもその名称は出てこないが、批判の対象として念頭にある流派の一つである。それがどのような議論であったかは、今は「これ以上詳述する場ではない。」それよりもこの種の神学論争に対抗することに命を懸けていた、当時の一市民の姿と心意気を推し量る好材料として見ておきたい。またクルアーンには、アッラーのことは詮索するなという一句もあることを確認しておきたい。「信仰する人たちよ、あなた方に明らかにされたことを、問い正してはいけません。（逆に）あなた方を悩ますかもしれません。」（五：一〇一）底本一九五番。

八、学者に必要なこと

知識は誉れであり、功徳があることは、実証されていることである。しかし知識を求める人びとは、異説を唱えている。各人各様に呼び掛けているのである。

人によってはクルアーンの読誦法に没頭して、それだけで一生を浪費する。その人は主な流儀に依拠しておけばいいのであって、枝葉にかかわる必要は毛頭ないのだ。読誦者が法学のことを聞かれて、何も答えられないというのは何とも情けない話だ。読誦法がさまざまあることに、忙殺され過ぎているのだ。

人によっては文法学や、さらには言語学だけに没頭している。あるいは預言者伝承を集めては書き立てて、少しも何が書かれているかについて頭を巡らせていない。伝承学の大家で礼拝に関して聞かれて、何も答えられなかった人もいる。それは読誦者、言語学者、そして文法学者についても言えることだ。

法学者のアブドル・ラフマーン・ブン・イーサー（一一二五年以降没、イベリア半島出身）は、私に言った。「イブン・アルマンスーリー（不詳）が言うには、彼が文法・言語学者だったアブー・ムハンマド・ブン・アルハッシャーブ（一一七二年没）の法学講義にでたところ、質問はないかと問いかけたので、男が礼拝中に両手を挙げることについて、その意味の説明を求めた。回答は、『それは、柱である（柱は礼拝成立の必要条件）。』というもので、聴衆は彼が法学についてはほとんど知らないので驚かされた。」

だから必要なことは、まずそれぞれの諸学より少しずつ学んで、その後に法学を学ぶことである。そうして諸学の目的を知ること、つまりその目的とは、至高なるアッラーを学び、その覚知（認識）を果たし、そしてアッラーを愛することである。

星についての知識で一生を棒に振るのは、全く馬鹿げている。それは少々学び、時間を知るようになればいいのだ。（星占いで）運命や判断などと言われることは、無知以外の何ものでもない。それらを実際知ることはありえず、試みても彼らの無知をさらけ出すだけである。それは時には、有害でもある。なぜならば、それは悲しみを早めるだけかもしれないからだ。それよりもそれを打ち捨てて、事実ではないと知った方が安泰であろう。

化学に専念するのも馬鹿げている。それは全く夢想であり、黄金が銅になることがないと同様に、銅が黄金になることもない。それをしようとする人は、人びとを硬貨に関して惑わせるだけである。もちろんそれが、その人の目的であるかも知れない。

だから知識を求める人は、その目的を正しいものとしなければいけない。誠実でない行為は、（善行として）受け入れられないのだ。だから学者に学び、さまざまな見解を知り、書籍を入手すること。どの本であれ、何かの益をもたらすものだ。またその人は覚えることに高い関心を払うべきだ。そして記憶に疲れたときには、読んだり書いたりするのである。

権力者には用心して、預言者（アッラーの祝福と平安を）と教友と従者の道のりに関心を払って、精神の鍛錬に励みつつ、知識に則る行動を取らねばならない。真実に従う人は、彼を真実が支援するのである。

【註】学者馬鹿という言葉があるが、イブン・アルジャウズィーにとってそれは、アッラーの覚知と帰依に結びつかないものに専念する者と規定されるようだ。諸学を糾合するような総合学は、現代では喪失してしまった。今では一般常識や通念が総合学に相当する位置づけとなり、それを会得していない学者が馬鹿呼ばわりされる時代である。それは専門馬鹿とも言われる。いずれの総合学であれ、狭い自分の領域を超えた知見こそは、専門知識の立ち位置や方向性を定めるものとして、必須であることは変わりない。底本二二七番。

九、知識と無知の間

人には、智者と無知な者とがいるようだ。まず無知な者としては支配者がいるが、彼は無知の中で育ち、絹を着てアルコールを飲んで民衆に不正を行う。彼の部下も同様で、全員が善とは縁遠い。また商人もいて、その関心事は金儲けや蓄財だが、喜捨は少ない。利息も取り上げる。これが一般的な人の姿ではある。

店主もいるが、彼らはいつも計量を軽くする。秤をごまかし、人びとの取り分を少なくする。利息を取り、一日中、市場であくせくしているばかりで、酔っ払いのように夜には眠る。

彼らの興味は食べることで、礼拝の知らせは届かず、もし礼拝するとしてもそれを急いでするし、または何回か分をまとめてしてしまう。こういった連中は、動物の部類である。また低級な生活をしている人たちは、その生業も掃除、塵集め、道路掃除、手洗い清掃などで、彼らは一番下層にある。快楽を求めるが生活がままならず、盗賊になり、最悪の集団となる。彼らには、生活（そのもの）がないのである。飲食で少し味わうとしても、彼らは少し風が吹くと警察を恐れて逃げ惑うことになる。彼らの存続は限られており、結局殺害されたり、張り付け（磔）にされたりが落ちである。来世でもその罪が問われる。

最後には村の住人であるが、彼らは無知に覆われている。汚れから逃がれないで、家畜のようなものである。

女性もさまざまである。美しくて娼婦になる者、夫の金を奪い取る妻、宗教のことは全然知らずに礼拝もしない者など、こういった者たちが、（悪徳に）火を点けることとなる。彼女たちにとっては説教を聞いても、それは水が岩の上を流れたようなもので、クルアーンが読誦されても、それはあたかも夜のおしゃべりのようなものに過ぎない。

智者でも初級者にはいろいろあって、行動ではなく、見せびらかしのための知識を求める汚い目的の者もいる。あるいは、知識が悪いことをしても守ってくれると誤解している者で、実際はそれが彼らの（罪を問う）根拠となるケースである。中級者や著名な者は、支配者の覆いとなって、禁止事項を禁止することについては沈黙を守っている。

だから智者とはいっても、その意図が正しく目的も善い学者は少ないのである。アッラーが善かれと思われる者には、知識を求めるに際して、善良な意図を持つように恵みを垂れ、決して知識を誇示するような心配はないのである。そういう学者は、世俗から離れ、民衆と交わることに用心して、多くの収穫を狙うこの世のリスクを恐れて、少なくても事足れりとするのである。孤独を好むのは、それが一番よく来世を想起させてくれるからである。

支配者の下に参上するほど、学者にとって有害なものはない。彼らは世俗を美化し、禁止された事柄を軽く見せるからだ。悪事を拒否したいと考えても、もうそれはできない相談である。そしてもし満足できずに現世の恵みを求め始めるのであれば、そういう調子の連中に取り囲まれて、その学者には平安を祈らざるを得ない。人というものは、一時間ほど市場を歩き回ると、自分で見て知識を持っているはずのものを失念してしまうものだ。それに加えてさらに、資産家のところや蓄財に目の色が変わる連中のところへ足しげく通うとすれば、どうなることだろう。

孤独は心の帰還と（最後の審判の）不安材料を集合させる原動力である。そして結果を考え、死去に備えて、糧を得るのだ。それらに満足が加えられれば、それで善いことは間違いない。

祖先の秘密を語ってくれる書籍と共にいるより、もっと善い学習はないのだ。（今の）学者たちと同席するのは、非常に危険である。大半の時は、彼らは来世については語らないからである。他方、大衆との同席も背信行為となる恐れがあるが、彼らとの集まりでは用心して、発言させずに自分だけが話をして、聴衆は聞く側に立たせるのである。終了後は直ちに席を立つことである。

しかしこの世との断絶は欲望を断たなければ難しく、欲望を断つことは質素さに満足するか、商売をするか、あるいは不動産で稼ぐことがなければ、それは難しい。

学者が必要とされれば、もう彼の（最後の日への）不安感は散逸してしまうのだ。学者というものは人から遮断されて、欲望が消失して、来世への言及が増えるときこそ、彼は裨益《ひえき》し（他の人に）受益するのである。アッラーこそは成功に導かれるお方である。

【註】日本語では「人間が枯れる」とか、「悟りを開く」といった表現がある。人生を達観する境地であろうが、本節で語られる人里離れる心境と酷似していると言えよう。これらの教えるところは重要であるとしても、ここでは一二世紀のイラクにおいてもそのような主張がされていたことを明記しておきたい。他方世界は狭くなり、人間社会の競争心が国際的にあおられる時代に突入している。こういう曲がり角にある時こそ、「枯れる」価値が再認識されるよう

願わざるを得ない。それは時空を越えた指針であり生き方として、万人共通と思われる。底本二五〇番。

一〇、理性の完熟

理性が完璧になる時、この世の楽しみは失われ、体は弱り、弱さが強まり、悲しさが増す。というのは、理性は結果（最後の日）を思う時、現世から離れ、その目の前の思い（最後の日）に耽るからである。そこには直近の楽しみはもうない。

来世について無関心な者だけが楽しみを覚え、理性の完璧な者には（その種の）無関心さはもうないのだ。そこで人びとと交わることが難しくなる。なぜならば、人びとはあたかも種類が別なように思えるからだ。詩に言う。

同僚にはわれわれが追い出すべき、ワジュドゥさんの兄弟はいなくて、
　ナジュドゥさんの話には、われわれが同伴すべき友はいない。

【註】本書第二章一三節で、同じ詩が引用された。孤独の勧めは、本書に通底するメロディーである。一人になって俗欲を離れることで、心の浄化が果たされ、そして初めて来世に集中し

て、片時にすぎない浮世を卒業するという方程式である。それは偏りのない理知であり、それを完成した姿として捉えている。言い換えるとそのあり方は、生きる一瞬一瞬を味わい、自己と他人の利益関係には振り回されることなく、アッラーとの関係に集中し、そこに自らの砦を見いだす姿であると言えようか。底本二七三番。

一一、学者は政治家から離れること

裁判官や語り部は、生活が苦しくなるとすぐに支配者の下へと逃げ込んでしまう。それは金銭目当てだが、支配者は現世を正価で獲得することもなければ、あるいはその正価で支出することもない（盗んだり、悪用したりする事）。多くは税金をまずは公益のために使用すべきで、その後に詩人に支給すべきだということになる。時には、ある兵士に対して、月給は一〇ディナールでいいところを、一万ディナールも支払うケースも見られた。あるいは攻撃して、軍隊に支給しなければならない戦利品を、着服してしまったこともある。こういった種類で人びとへの不公正は、他にもいろいろある。

学者が直面する初めての問題は、知識による収入が得られないということであろう。ある正当な信者が、ヤハヤー・ブン・ハーリド・アルバルマキー（八六〇年没、ハールーン・アルラシード治世の大臣）の家から男が出てくるのを見た。そしてその男が言った。「益をもたらさない知識から、アッラーのご加護を祈る。」

その学者は、禁止されたものを見ても拒否せず、不正に得られたものを食べるので、その心は封じられ、至高なるアッラーとの甘美さもなくなり、誰も彼から指導を仰がなくなった。さらには、彼の行動が原因で人びとは迷い始め、彼に導かれることもなくなったのだろう。だから彼は自らを、そして大臣を傷つけ、さらに事態を悪化したのは、大臣が次のように言ったことであった。「もし私が間違っていたならば、この学者は私の同行を認めることはなかっただろうし、あるいは彼は私に対して助言することもなかったはずだ。」

これは民衆をも傷つけることとなった。というのは、大臣のしていることは正しいと見なければいけないか、あるいは大臣のところでなされている違法行為を拒否しないで黙認していることは許されると思わざるを得ないからだ。または全く世俗的となるのであった。しかし本当にこの世の享楽に善いものはなく、来世への道を狭くするものである。

私は生涯を通じて俗欲を捨てて、現世の喉の渇きに耐えた人びとのために犠牲になるのである。彼らは死後、喜悦の飲料を飲み干すし、彼らの事績は語り継がれ、その物語は心の渇きを潤し、そのカビを磨き落とすのである。

イマーム・アフマド（・イブン・ハンバル、既出）は生活の必要から取引はしても、支配者からの金銭は受け取らなかった。

イブラーヒーム・アルハルビー（八九八年没、イラク在住のイマーム）は豆で栄養を取っていたが、アルムウタシム（八四二年没、アッバース朝第八代カリフ）に対しては、彼からの一〇〇〇ディナールを返却した。

ビシュル・アルハーフィー（既出）は、飢えに悩まされていたところ、人が小麦のスープを作ろうかと尋ねた。しかし彼は、アッラーにその小麦はどこから持ってきたのかと問われるのが恐ろしいと答えた。

こういった人びとの記憶は残るが、その忍耐といえば一睡のようなもの（短い）であった。そして許しを出していた連中（似非学者）の享楽は過ぎ去り、身体は衰え、彼らの信仰も弱まったのであった。

忍耐にも忍耐を、支援され成功する者よ、現世で栄える者を羨《うらや》むな。そのような富を考えれば、あなたはすぐに信仰の門から見たときには、それは狭いものだと気が付くだろう。また自分に解釈上甘くすることなかれ。この世のあなたの生涯は短いものだ。

　同じことだ、キスラー（既出）の一日が、

　　喜びで過ぎようと、あるいは忍耐の人の一日が破滅（キスル）しようと。

もし忍耐の緒が切れそうになることがあれば、禁欲者たちの話を読むといいだろう。もし心に関心と覚醒が残っているならば、それで教えられ、恥じらいを覚え、あるいは破滅させられるだろう。

そうした事例として次のことを挙げてみよう。アリー・ブン・アルマディーニー（八四九年没、預言者伝承学者）は許可を与えたとして、イブン・アビー・ダーウード（九二八年没、父親に伴われて広く旅行して多数の伝承を収集、出版）から金銭を受け取った。他方、アフマド（・イブン・ハンバル、既出）は忍耐の人であった。これら両者の違いは大きく、その記憶も同様に差が大きい。さらには、これら両者について語られること、及び彼ら二人が書き記したことも見なければいけない。アルマディーニーは、アフマドに次のように言われたときは、後悔しかなかったのであった。

「私は信仰を保持した。」

【註】御用学者が批判されているが、これは本書で繰り返される主題である。学者や学説の政治利用は、これも古今東西しきりである。それをくい止めるのは、今なら世論であるが、当時はその形成も今ほど容易ではなく、結局は各自の自省と覚醒に待つしかなかったのであろう。しかし原点としては、いまでもそれぞれの心に聞くしかないのは変わりない。底本二九四番。

一二、知識に求めるのは発音だけではないこと

大半の学者は知識の外見に拘泥《こうでい》しており、その実質や内容は理解しないままだということに気付かされた。クルアーンの読み手は読誦法にうつつを抜かし、その例外事項にだけ没頭して、読誦自体が目的であり、その話し手（アッラー）の偉大さやクルアーンの脅威や約束については目を向けないのである。そしてクルアーンの暗記は自分を守ってくれると考え、罪を許してしまう。もし理解するならば、その人の責めはクルアーンを読まない人よりも大きいことを知るであろう。

伝承学者はさまざまな伝承の経路を集めては、それらを覚えようとする。しかし伝承される中身には気を配ることはなく、それを人びとのために保存し、彼自身は救われたと望むのである。だが彼らは誤りを許したかも知れないし、それでイスラームのためになることをしたので、自分は守られていると思っているかも知れない。

法学者についていえば、自分の議論を強化する論法を学び、人びとに法勧告する判例を知ったので、彼は能力が強化されて、罪も消去されたと考えているかも知れない。また彼は間違いを攻撃して、それで免罪になると思うかも知れない。クルアーンを記憶もしなければ、伝承も知らないで、またそれらは破廉恥な行為を脅威と優しさでもって禁止していることも

知らないのかも知れない。それらに無知であることに加えて、上に立ちたい、あるいは論争に勝ちたいと言った願望が、その人の心をますます硬化させるのである。

多くの人びとはこういった調子である。知識の外見に囚われて、それが彼らの生業なのである。それで生計を立てて、馬鹿騒ぎをしているようなものだ。諸学を学んだ長老についての話だが、彼は晩年になり、罪を犯す気狂いに襲われて、アッラーに挑戦しようとした。彼が言わんばかりなのは、自分の知識は犯した罪から守ってくれるだろうし、しかもそれ（罪）は何の痕跡も残さないだろう、ということである。あたかも彼は自分が救われることを確信し、その罪についての恐怖や悔やみは一切見られないといった風情であった。

さらに話は続くが、彼の晩年には貧困が襲って来て、きつい生活になり、みっともない姿となった。だがある日、寄付が集められて土地を少々手に入れることができた。そうしたらその長老は、身の置き所がなくなって言った。「アッラーよ、これだけでしょうか。」驚かされるのは、アッラーをこれほど忘れても、まだご配慮や守りや豊かな恵みを期待していたことであった。クルアーンにあるのを知らないのだろうか。

「もしかれら（マッカの非信者）が正道につくならば、わたしは必ず豊かな飲み水をかれらに与えます。」（七二：一六）

背信者には恵みの扉は閉じられて、アッラーの命令を失った人を、アッラーは失われる（見放される）ことを知らないのか。これほど教えられる知識も他にはない。智者が滑ると、その人は破滅するのだ。この長老は頑固で、自分の背信については何も痛みを感じていなかったのだ。自分の行為に許可を出して、宗教的に禁止されるものも、許可されるものも自由自在にしていたのだった。しばらくして彼は病に倒れ、最悪の状態で他界した。

この話をもたらした者は言う。もう一人別の長老がいたが、彼も知識の外見を習得したが、何も得るところはなかった。できるような罪を避けることもなく、気に入らないどんなアッラーの命令も、アッラーに異議を唱えて非難することで、猛反対するのであった。その長老は最後まで、汚れた生活と醜い信仰を強いられた。

こういった人たちは、知識の意味を知ることがないのだ。知識とは発音の外形ではなく、その目的はそれで求められている事柄を理解することである。それは畏怖と恐怖を伴い、知識を授けたお方に対して、ありがたい恵みとして受け取り、智者への強力な根拠と考えるのである。

アッラーにお願いしたいのは、われわれが目的をよく理解するための覚醒であり、また崇拝されるお方を熟知することである。学者と呼ばれる連中の道から、われわれを守ってください。彼らは背負っていることを実施しないし、知っていることを実行しないのだ。そして行動もしないのに、人びとに対して尊大である。彼らはこの世の外側（妄欲）だけを取っているが、それらは禁止されたものである。彼らの慣習が勝利して、その学んだ知識では規律が与えられない。しかしながら、彼らは無知な人びとよりはまだましではある。

「かれらは現世の生活の表面を知るだけで、実にかれらは来世については留意しません。」

(三〇：七)

【註】糧を得るために学問をしている人たちが、本当に大半であった様子がよくわかる。著者はその反対の極を示している。虚学こそは本当の学問であるとの立場は、日本でも聞かれる声であった。他方、昨今の主流は実学優先である。知識は何のため、と言うことは、人は何のためであり、人生は何が目的かという根本課題が解決されたわけではない。そうすると虚学の呼び声が、再び強まる余地は常にある。あまり使われなくなった用語ではあるが、この際、虚学という言葉を再認識しておきたい。底本三三六番。

一三、初期の学者たちの大望

初期の学者たちは大志を抱いていたが、そのことは彼らの生涯の珠玉である多くの著作に示されている。ところが多くは消失してしまった。その後の学生たちは関心が薄弱となり、長いものではなく、要約を求め始めたからである。その中で学んだものに特化して、それ以外の書籍は忘れ去られ、写本されることもなくなった。

そこで完璧な知識を求める学生は、無視された書籍を読むことである。どんどん読むことである。そうすれば、当時の人の学問と彼らの大望を知ることになる。それは心を揺さぶり、決心を強める。どんな書籍でも、無益ということはないのだ。

現代の学者たちのあり方については、アッラーのお赦しを嘆願するものである。初心者がついて行くべき大望もなければ、禁欲者が裨益《ひえき》しそうな畏怖を維持している者もいない。アッラーにかけて、本当に祖先のあり方を見てみよう。彼らの著述や逸話を知って、書籍を通じて彼らを見るのである。詩に言う。

私は目で家を見ることができなかったが
　耳でその家を見ることになるかも知れない。

私自身のことを書くと、知らなった本を見るとそれは宝物に出会ったようなもので、絶対汲み尽くすことはないのである。一度（自分の）学派の学校で寄付された書籍のリストを見たが、六〇〇〇巻はあった。アブー・ハニーファ（既出）、アルフマイディー（一〇九五年没）、われわれの長老（教師）であるアブドル・ワッハーブ（アブー・アルバラカート・、一一四四年没）、イブン・ナースィル（アブー・アルファドゥル・、一一五五年没）、アブー・ムハンマド・

ブン・アルハッシャーブ（既出）のものなど、その他にも多数あった。

私は二万巻ほど読了したが、実際はそれよりも多かっただろう。そしていまだに探しているのである。それらから先達の歩んできた道を知ることができたし、彼らの大望、記憶、帰依振り、珍しい学問など、読まなかった人では知れないことを見ることができたのであった。そうして私は、人びとのあり方を軽く見て、学生たちの関心を小さく見るようになったのである。アッラーに称賛あれ。

【註】バグダッドは当時の学術の中心であった様子がよくわかる。またイブン・アルジャウズィーの勉学振りも如実に描かれている。歴史の一齣をのぞき込むことができる、貴重な一節と思われる。同時に学術の荒廃振りも手に取るようである。やがて次の一三世紀にはモンゴルの侵略にあって、バグダッドは砂塵と化すこととなるが、その前夜を見ているようだ。なお本節には数名の教師名が出てくるが、著者の『イブン・アルジャウズィーの教授陣（マシュヤハ）』という本では、八九名（うち女性は三名）の名前が上げられている。底本三三八番。

一四、演繹で考える際に理性を忘れることは無視と馬鹿々々しさ

人の命ほど大切なものはないはずなのに、それを危険に晒《さら》し、あるいは破滅に追い込む人は、本当に驚きでしかない。その原因は理性の不足であり、判断間違いである。

人によっては称賛を浴びようとして命を懸ける。それは例えば、ライオン狩りに出かけるようなものである。または賢人と言われたくてキスラー（既出）の宮廷に出向き、また三〇ファルサフ（約一五〇キロ）を歩き通すようなものである。そうして破滅に至れば、彼らは地獄行きとなる。しかしそうなると、金銭をそのためにと考えた命はもうなくなっている。

命を懸けて破滅して、どうしていいか分からないなどとは、全く驚かされる。それは怒りの余りムスリムを殺害して、その後地獄でその怒りを収めるための懲罰にあうようなものである。もっと凄いのは、ユダヤ教徒やキリスト教徒であるが、判断できる年齢になれば彼らもムハンマド（アッラーの祝福と平安あれ）の預言者性を認めることとなるが、それで死を迎えると、永久の地獄行きとなるのである。

そこで彼らの何人かに、私は言った。「何ということか、永久の懲罰の危険性があるというのに。われわれムスリムは、あなた方の預言者（ムーサー）を信じる。しかしもしそれを信じないで、また律法も信じないならば、われわれも地獄行きかも知れない。ところがそうでは

なく、ムスリムはそれらを信じるのである。ムスリムとユダヤ教徒は互いに違いはないのだ。だからもし、彼（ムーサー）と会っても恥じるところはない。もし彼がどうして土曜日に安息を取らないのかと責めて来ても、安息は末節の話であり、末節な事柄は永劫の懲罰には当たらない。」

それに対して彼らの頭領は言った。「われわれはそのようには頼んでいない。安息はイスラーイールの民（ユダヤ人）だけのものである。」私は言い返した「あなた方の見解でわれわれは安全だが、しかしあなた方は破滅の道だ。自分の命を永遠の懲罰に晒している。」永劫の懲罰を受けることとなる事態について、よく考えない人は全く驚きである。もっと驚かされるのは、創造主の存在を否定する人である。創造の素晴らしいことを見ても、言うことは、「創造主はいない。」である。

それらすべての原因は、理性不足である。熟考と演繹の仕事を怠けているのである。

【註】ユダヤ教に従えば、ムハンマドを信じなくても、地獄行きとはならないのだから、ここの「あなた方は破滅の道だ」というイブン・アルジャウズィーの論法は相当一方的ということになる。ただし当時このような、いわば宗教対話がなされていたことは、興味深いものがある。ユダヤ教徒の方も真剣な受け答えをしていたようだ。ちなみに、イスラームはユダヤ教もキ

リスト教も是認して、その上で新たな啓示があったという構造になっているので、本節のようなイブン・アルジャウズィーの主張に繋がっているのである。底本三三九番。

一五、大志は重荷

志の高さによって、その受ける罰の大きさも決まる。詩に言う。

精神が高いと、身体はそれが求めるものに応じて疲れる。

別の詩に言う。

体にはそれぞれ、惨めさの原因がある。

私の体の試練は、志の高さに由来する。

さらに説明してみよう。志が高いと知識全体を願って、その一部に限定することがなくなる。しかもその究極まで突き詰めようとするが、それではとても体がもたないのだ。さらに帰依を深めようとして、夜の礼拝や日中の断食に努めるが、こういったことと知識の両立は難しいのだ。そしてこの世のことをすべて捨てて、際限ない事柄を要求し始める。他利を好んで、吝嗇《りんしょく》はできなくなる。支出することの誉れが彼を引っ張り、栄誉心がいかがわしいところから収入を得ることを抑止する。もしその人が、生来気前が良ければ、いずれ貧困は避けられず、自分と家族はその影響を受けることとなる。もしその人が収入を得ようとしても、性向がそれは許さないだろう。つまり苦渋を味わい、対立するものを合体しなければいけないということになるからだ。そして終わることのない努力と絶えることのない疲労に襲われるのである。

そしてもし行動に誠実さが加わると、ますます疲れて、苦労は重なり、志の低い人と比べようもない。もしその人が法学者なら、伝承について聞かれると、それは知らない、と答えるだろう。他方その人が伝承学者ならば、法律について聞かれると、そんなことは知る由もない、と言うだけだ。いずれも自分が無知だとののしられても、意に介しないのである。

志が高い人には、知らないということは、破廉恥で欠点を露わにして、人びとに恥部を晒すこととなる。しかしそれが高くない人は、人の評判など気にもならないし、質問をするのは気軽だし、拒否されることも無関心である。志が高ければ、それはとても受け付けないのだ。

他方、志の高い人の疲れは実質的に休息であるが、低い人の休息は疲れであり、残るのは軽蔑（されること）である。それが理解されるだろうか。

現世は高みへの競争であり、志のある人は決してその前進に歩を緩めるべきではない。もし先頭に立つことがあれば、それが目標である。しかしたとえ馬が躓《つまず》こうとも、それは非難されないだろう。

【註】志（ヒマ）はイスラームの倫理道徳では好んで用いられる課題である。今の日本で言うと、やる気であろうか。本章一節と一三節でも、大志のテーマが取り上げられた。イスラーム初期の学者たちには、そのやる気が充実していたという。そういう機運がイスラームの歴史を引っ張ってきたことは、事実であろう。本節ではその志の高さと、現実世界の低さのギャップのために、本来高いはずの志がくじけそうになる問題を取り上げられた。理念先行は宗教世界とは表裏一体であるが、理想なしでは人は生きていけない以上、宗教の役割を裏から語っていることにもなる。底本三五二番。

一六、知恵の分からない場合は、知識がないこと

この節は最重要なので、注意深く読むようにしてほしい。

至高なるアッラーを信じる人は、彼に従って行動すべきだし、また彼こそは知恵者であり主権者であり、無駄なことはされないことを知るべきである。

もし行動の裏にある知恵がハッキリしないならば、その無知は自分自身のせいにして、智

者であり主権者に服従すべきである。そこで理性が行動の知恵を知りたがるならば、こう言ってやるがいい。「私には分からないが、主権者に問わなければならない。」

至高なるアッラーの行為について、理性だけで判断した人たちは多数いる。そして人間から出たものであれば、知恵に反するとしておいて、それをアッラーのせいにしたのは、もろに不信仰であり冷血の気狂いである。

正しいのは、無知は人間自身が原因であり、理性は知恵を知るには不十分だということである。最初にそういったことをしたのは、（ジンの）イブリースであった。イブリースは主が火よりも泥を好まれたと考えて、理性は火の方が良いと考えるので、イブリースは主を批判したのだった（クルアーン七：一〇～一二参照）。この試練は多くの学者や大衆の間に広まってしまった。そして多くの学者が反対し、多くの大衆が拒否して、結局は不信仰になるのである。この試練は大半の人間を襲うこととなった。

学者が貧しく、無法者が富んでいるのは、知恵に背いているという人もいる。ところが知られているように、アッラーは喜捨を命じ、土地税や人頭税、そして戦利品や代償（カファーラ、葬儀の際などに振舞われる）のことも定められたが、それで貧者を救おうというのである。不正者は喜捨の一部しかしないので、貧者は飢餓に苦しむこととなる。そこでわれわれはこういった不正者を非難して、貧者に十分に定められたお方に異議を唱えないようにしなければいけない。同時に貧者の権利を留保した不正者を罰することや、貧者の運命に対する忍耐も試されることが（課題として）出てくる。（アッラーに）異議を唱える人びとの多くは、魂が出て行く（死亡の）ときには不信仰に繋がるその異議のために安全ではなく、不信仰の咎めを受けることとなるのだ。よく聞くのは、ある人が逆境にあると、それはおかしいと言うことである。しかしその意味合いは、その人は正道でないことをしたということである。ある好色漢が言った。

主よ、あなたは夜の月を創り、木々の枝や砂丘を創り、
それなのにあなたの僕《しもべ》には情熱を禁じるとは、正義の支配者よ、それが正義か？

学者の中にもこういった詩を好んで吟じるが、それは完全に不信仰である。彼らは禁じられたことの秘められた意味合いを理解しないのである。情熱が禁じられたのではなく、情熱によって見つめたり、触ったり、破廉恥行為をするといった禁止行為に及ぶことが禁止されたのである。

欲するものを我慢することは、禁止する者がいる以上、信仰の証となる。例えばそれは、ラマダーン月に水を飲まないでいる喉の乾いた人であるが、それは断食を命じた者がいるので、信仰の証左ということである。命を懸けてジハードに励むことは、確かな報奨への証である。ほしいと思うものは全てあの世で準備されているのだが、一体全体熟慮する理性はど

こへ行ったのか。そして少し考えて忍耐強くすれば、（あの世で）たっぷりと報われるのである。

私が長話をすると、学者も大衆も文句を言うことは知っている。最善の事例を話そう。イブン・アルラーワンディー（九一一年没、ペルシア人）という学者は腹が空いて、橋の上で座り込んでしまった。空腹で震えるほどだった。そこへ絹と装飾で着飾った馬が通った。これは誰のものかと尋ねたところ、それはカリフの息子でアリー・ブン・バルタックという者のものだとのことだった。次いで美しい女奴隷たちが通った。これは誰のものかと尋ねたところ、またアリー・ブン・バルタックのものだとのことだった。さらに一人の男が通った。その男は、橋の上の貧者を見て、パンを二切れ投げ与えた。ところが貧者はそれをつかんで、投げ返してしまった。そして言った。「あれらすべてが、アリー・ブン・バルタックのもので、他方自分にはこれしかないのか？」

この脳無しの貧者は自分が言ったことや、異議を唱えたことで、飢える貧者となっていたことに気付かなかったのだ。異議を唱える者たちよ、あなたたちは欠けるところなき行為をされる方を失念しているのだ。あなたたちの初めは土と水でしかなく、次いで汚れた液体（精液）だったので、常に不浄さを伴うこととなり、また空気がなくなれば、抜け殻となるのだ。あなたたちの見解で、他の人に示すと間違いであることが判明するものを、あの方は幾度見られてきたことか？　背信には罰則が積み増しされる。それなのにあなたたちには、知恵ある主権者に異議を唱えることしかできないのか？　こういった逆境があることの（アッラーの）狙いは、われわれが完全に服従することであり、そうであればそれで十分なのである。

もしもあのお方が人間を創造するに当たり、彼の存在を示し、次いで人間を破壊し、何もその恩寵により、彼は復活、報奨、そして永久の安楽を約束されたのであった。だからもし（来世に）準備しなかったとしても、それは彼が主権者であるので可能であった。ただ実際は、あなたが理由の分からない事態があれば、それは自分の知識の不足が原因と考えるべきだ。

不正に殺されたと思えることがあれば、それはその人が何度も殺したり不正をしたからで、その代替を被っているのである。災苦はそれに価しない者に訪れることは稀であるが、それで代償が支払われた罪は見えないので、結果としての報い（災苦）だけを見がちなのである。あなたは（あの方に）従えば、平安である。そして異議を唱えたり（不満を）隠したりする言葉には用心して、イスラームの囲いから追い出されないようにしなければいけない。


【註】理性と知識では押し図れないことが多い。そこは主の知恵の世界だと説いている。人生の不思議のようなものであるが、誰しも大なり小なり経験しているものである。そこに主の配慮、すなわち知恵の介在を描くことができるかどうかが、天下の分け目になるということ。それ

のできない人があまりに多いたことに、イブン・アルジャウズィーは警鐘を鳴らしているし、それを本節で「最重要」と訴えているようだ。自然には勝てない、と日本でもよく言う。自然科学の進歩はそれとして、人の小ささを改めて知り、存在することへの感謝の念を確かなものにするためには、やはり科学に頼り切ることは難しいのであろう。底本三五八番。

終章　助言

人は考えて、現世の生活を維持する。貧しければ恥辱を免れて配給に頼らずに済むように、収入を図り生業《なりわい》に勤《いそ》しむだろう。そして満足を見いだし、周囲の人の好意を受けたり愛されたりして、誇りをもって生活する。

他方もしその人が豊かであれば、支出を勘案して金欠にならず、人にも辱めを受けないようにするだろう。気にせずに支出して、うらやむ人と張り合うのは馬鹿げている。というのは、そうすることは周りの妬みを買うからである。物事は中庸《ちゅうよう》を行き、見せびらかすのではなく、そっと秘めるべきことは秘めるべきである。掃除人が金を見つけて、それで派手に振舞ったのでばれてしまい、結局彼からその金銭が取り上げられた事件もあった。要は財布のひもを締めて、使いすぎず、見せびらかせないということである。

夫は妻に全財産を示して、それが少ないと軽視されることとなり、もし多いともっと衣類や装飾品を求められることとなる。

クルアーンに言う。「自分の財産を精神薄弱者に渡してはいけません。（…誰でも豊かなら自制し、誰でも貧しいなら適正に使いなさい。)」(四:五)子供に対しても同様である。秘密というものは守られねばならず、用心を必要とするのは友人関係も同じだ。というのは、友人もいつ翻意するかも知れないのだ。詩人は歌った。

あなたの敵に一回用心するなら、あなたの友人には一〇〇〇回用心しろ。

彼はあなたに翻意するかもしれず、その時にはあなたの弱点をよく知っている。

至高なるアッラーへの称賛をもって、われわれは「随想の渉猟」を集めたが、それで心の病がなくなり、イスラーム上の正しい作法と道徳で飾ることができれば幸いである。また至高なるアッラーは、その書を諭しと導きの説教台からの最善の指南とされ、僕たちが従うための明瞭な鏡とされるように。

初めに、そして最後にアッラーに称賛あれ、そしてわれわれの主人である預言者ムハンマドとその家族や同伴者たちに、アッラーの祝福と平安があるように。

＊＊＊＊＊＊＊＊

あとがき

イスラームの信仰を学び、語り、考えを深めることこそ、イスラームの理解を本格化するものであるとの視点より、訳者はこれまでクルアーンの邦語訳を含めて、三〇冊近くの著作を刊行してきた。しかしいつも心に抱いていたことは、分析したり評価したりする外界からの仕事ではなく、イスラーム信仰を内側からあるがままに描写し、提示したいという願望であった。

日本仏教では信仰一途の人を妙好人《みょうこうにん》というが、その人は朝から晩まで「南無阿弥陀仏」の称名を唱えているのである。何をするにも、それがまず口を突いて出て来るのである。そのような妙好人のことをあの高名な鈴木大拙も調査研究して、その成果を刊行している。しかし結局は、彼らの発する言葉を収集して、そのままを記録することが主要な内容となったのである。つまるところ、分析するより生の言葉の方が多くを語り、能弁であるのだ。

そのことを少々丁寧に考えると、宗教信仰とは究極のところ言葉で表せる世界を越えたものであると言うことにつきる。同様なことは芸術にも言える。美学を極め、音楽理論を習得しても、人を惹きつける芸術が生まれるわけではない。そこには飛躍というものがあり、それは言語世界を飛び越えている。それはしばしば天分とか天性という用語で言及されるが、実際は先天的なものと後天的な側面の共演であろう。説教は信仰を喚起し、堅固にするにしても、それを保証するものではない。そこで「生の言葉」に固有の価値があり、それが最も能弁であるという結論になる。

本書の原著『随想の渉猟』の著者は、アブー・アルファラジュ・アブドル・ラフマーン・イブン・ムハンマド・アルジャウズィー（イブン・アルジャウズィーで知られる、一一二六年―一二〇〇年、但し生年、没年とも少々異説あり）である。彼の家系は預言者ムハンマドと同じクライシュ族であり、銅を扱う裕福な家に育った。ただ父親は彼が三歳の時に亡くなった。母親は彼の講話を聞きに行ったということであるが、何よりも叔母が教育熱心であったとされる。また当時のバグダッドには有力なイスラーム学者が多数輩出していたので、勉学には不自由ない最良の環境であったといえる。

おりしも十字軍の攻撃やスンナ派ではないエジプトのファーティマ朝の台頭もあり、社会的宗教的に動乱の時代であった。またイブン・アルジャウズィーは、一時はシーア派の補佐役を採用したカリフ・アルナーシルに疎んぜられて、失脚する不遇の時代も過ごした。こういった公私に渉る苦難が、彼を鍛え上げることにもなったのであろう。総じて彼の思想的立場は伝統的な正統派として知られ、原典重視のハンバリー法学を広め強化した（同派の創始者イブン・ハンバルの隣に埋葬された）。スンナ派でも異端的な兆候には強く反発し、真の神秘主義は第一世代に従った人たちであったとして、後代の逸脱（ビドア）を批判した。ちなみに周知のイブン・タイミーヤ（一三二八年没）はカイロ留学中に、大小合わせて一〇〇〇冊以上のイブン・アルジャウズィーの著作を読破したとされている。

しかし一般的にはイブン・アルジャウズィーの著したのは、二〇〇冊とも三〇〇冊ともいわれ、多方面にわたる百科全書家であり、同時に広く知られたイスラーム活動家でもあった。多筆については、彼は来客があってもたとえば執筆のための紙を切るような単純作業の手は休めなかったと伝えられている。また家から出るのは、金曜礼拝に行く時か、あるいは勉強会出席のためだけだったそうだ。アッバース朝カリフらの参列の前でも説教し、声の美しさでも知られた。世界旅行をして有名な、イブン・ジュバイル（一二一七年没）もその旅行記で、バグダッド訪問時にイブン・アルジャウズィーの講話を聞いたことを記している。

『随想の渉猟』が現代までも広く受け入れられている一つの傍証がある。それは、二〇世紀のエジプトの歴史学者であり思想家あったアフマド・アミーン（一九五四年没）の合計一一巻に及ぶ随筆集『溢れる随想（ファイドゥ・アルハーティル）』は、『随想の渉猟（サイド・アルハーティル）』になぞった命名をしていることである。アラビア語で見ると、ほぼ語呂合わせになっていることが見て取れる。

さらに今もよく読まれている明確な証左としては、『随想の渉猟』にはいくつかのアラビア語校訂本が出されていることである。手写本はカイロの国立図書館に収蔵されているが、校訂者によって多少の異同が見られる。しかしアフマド・アターの校訂本では、異本の比較も丁寧にされているので、今次の訳業では同書を底本とした。

三七三本の小話、逸話、説話などを特段の順序はないままに綴ったものであるが、原本には（『徒然草』と同様に）それぞれのタイトルはなく校訂者が付けたものなので、各校訂本により自然と差異が見られる。またいずれも貴重な小話ではあるが、日本語への全訳となると一〇〇〇頁を上回る分量になる。そこで訳者の観点からの選集という格好を取ることとし、各節のタイトルは校訂本を参照しながら日本向けに訳者自身が命名し、その上で主要なテーマ別に章分けにした。そうすることで、信仰の旅路が読者にとって、より楽しく収穫の大きなものになることを期した。

訳者としては以上のような趣意が果たせて、日本にも少しでもイブン・アルジャウズィーの思索内容とその繊細な襞《ひだ》が伝われば、それ以上の喜びはない。

参考文献

アラビア語

Ibn al-Jawzi, *Said al-Khatir*, ed., Ahmad Ata, Beirut, Dar al-Kutub al-Ilmiyya, 2nd ed. 2014. 右を底本としたが、校訂本としては次も適宜参照。

Ibn al-Jawzi, ed., Abdul Hamid Hindawi, Beirut, Maktaba al-Asriya, 2010.

Ibn al-Jawzi, *Said al-Khatir*, ed., Muhammad Muhammad Tamir, Cairo, Maktaba al-Thaqafa al-Diniyya, 2012.

Basmat Ahmad al-Dajani, Kitab Sayed al-Khatir li-ibn al-Jawzi : Tafaul al-Adib maa Mujtamihi (Social Interaction of the Literati with his Society), *Dirasat : Human and Social Sciences*, 39(2), Jan. 2012. University of Jordan.

欧米語

Encyclopaedia of Islam, vol.3, Leiden, E.J. Brill, 1971. Ibn al-Djawzi の項目。

Ibn al-Jawzi, *Captured Thoughts, A Collection of Thought-Provoking Gems, Persuasive Eye Opening Wisdoms,*

Insights about Religion, Ethics and Relationships, Birmingham, Dar al-Sunnah, 2018.
Ibn al-Jawzi, *La Pensee Intime*, ed. al-Azhar, Cairo, Pub. Bilal, 2010.
Dr. Fikir Ayed al-Dweri (Irbid Uni.) & Dr. Raja Ghazi Raja al-Amrat (al-Yormuk Uni. Jordan), Theory of Cognitive Growth through Sayd al-Khatir, a Book Written by Ibn al-Jawzi, *Interdisciplinary Journal of Contemporary Research in Business.*, Institute of Interdisciplinary Business Research, Vol.4, No.9, Jan. 2013. (on line publication)

邦語ではイブン・アルジャウズィーを扱った著述はまだ行われていない。なお本書で使用したクルアーン和訳は、

『クルアーン―やさしい和訳』水谷周監訳著、杉本恭一郎訳補完、国書刊行会、二〇一九年。第三版。

Ata, Beirut, 2014

Hindawi, Beirut, 2010

Muhammad, Cairo, 2012

352	1.2	4:15	大志は重荷
353	1.3		知っているとの自信は最大の病
354	2.8		苦い報いを知りつつも背反を選ぶ者には悪運を
355	2.7		あの世の秤より、現世の行動の重量
356	0.4		親戚の敵対者は難しいこと
357	0.6		良い作法は身体の優しさと精神の純粋さで示されること
358	2.5	4:16	知恵の分からない場合は、知識がないこと
359	1		イード祝日と復活の日が似ていること
360	1		学者と禁欲者への助言
361	3.5	2:18	禁欲主義への疑問とかれらの説明
362	1		復活の証拠
363	0.7		享楽を求めると多くの善を逃すこと
364	0.7	1:23	快楽を得つつでは信仰は成り立たない
365	1.2		基本と付属の違いに関する学者の見解の相違
366	1		享楽は混乱とまじりあっていること
367	1.5		クルアーンと伝承で導かれること
368	1.4		時間は剣のごとし
369	1	3:25	結婚生活の基本は愛情であること
370	1.5		自らに恥を塗ることは現世と来世を失う
371	1.5		アッラーを笑いものにすることは不可能
372	0.6		アッラーへの奉仕として関心を集中すること
373	1.2	終章	助言

323	0.7		嫉妬は人の常、だから正すように
324	0.9		信仰正しい女性を選べ
325	0.3	1:21	妄欲の人も導かれ得ること
326	0.5		結果を知るのが賢明さ
327	1		アッラーの救いをあきらめるな
328	1.1		背反の罪は享楽を求めるところから
329	0.5		理性的な人は安全を得ること
330	0.8		禁止事項を避けて信仰と尊厳を守ること
331	0.9		夢で見る預言者は例えようもないこと
332	1.1		伝承学者は法学者であるべし
333	2.2		健全な精神は健全な身体に宿ること
334	1.8		内心の正しさと物事の正しさ
335	1		誰が本当の友達か
336	2	4:12	知識に求めるのは発音だけではないこと
337	1.3		法学はあらゆる学問を必要とすること
338	1	4:13	初期の学者たちの大望
339	0.9	4:14	演繹で考える際に理性を忘れることは無視と馬鹿さ
340	0.3		秘密を暴露する危険性
341	2.5	3:24	海にある真珠
342	1.4		体には慣れたものを与えるように
343	0.8		馬鹿は自分で困難を巻き起こす
344	1.3		物乞いは最低の恥辱
345	1.2		孤独に生活の良さのあること
346	0.7		知識を求めて失望する者は、その人の願望を達成しないこと
347	0.9	1:22	真実の生活
348	1.1		理性を働かす者は安全
349	0.4		統治者との交流
350	1.7		賢者は熟慮と配慮
351	1.1		望むものに対して忍耐不足は破滅の道

293	1.2	2:16	現世は試練
294	1.7	4:11	学者は政治家から離れること
295	0.4	1:18	罰の遅延で騙されるな
296	2		アッラーを意識する者は逃れられること
297	1.7	3:21	妻への親切さは男気のうち
298	1.1		来世を願う者に孤独は必需
299	1.2		時間を呪うなかれ
300	0.3		人生の短いこと
301	0.2		敬虔そうな者に騙されるな
302	0.6		目覚める者の儀礼
303	0.5	1:19	市場は駄目にする
304	0.6		アッラーを意識してこそ継続すること
305	1	1:20	常時覚醒していること
306	0.5	3:22	完璧さは主の企画
307	1.2	2:17	理性はアッラーの賜物
308	1.2		権力者を説くときは、慎重に
309	4		真実と誤謬は混同されないこと
310	1.2	3:23	自らを精査する者の幸福
311	0.5		自省心
312	0.6		人の頑迷さ
313	2.1		長旅の糧
314	1		恵みへの感謝はアッラーの恵み
315	1		専念することを獲得すること
316	2		真実を見る眼
317	0.8		知恵が切れたら服従しかないこと
318	1		儀礼の荘厳さと僕の美しさ
319	0.4		理性の管理
320	0.8		大衆との会話
321	1		限度を守り誠実な行動を取るのが立派な人間
322	1		不正者の補佐は不正者

263	0.6		体ではなく精神を
264	1.6		俗世の人から遠ざかること
265	0.7		悪い人の同伴より孤独はましであること
266	1		アッラーの友
267	0.9		悪行の人たち
268	2		アッラーは善良の人だけを受け入れること
269	1		誠実さの果実
270	1.2		先祖の生涯
271	1.3		知らないことには従え
272	0.2		墓で目覚めること
273	0.4	4:10	理性の完熟
274	0.5		復活の真実
275	1	2:14	主の実在
276	1	1:15	真実への尽力
277	1	1:16	精神に篤信は最善
278	0.3		偽の禁欲
279	0.5	3:20	生きることで精一杯
280	1		運命にご用心
281	1.3		甘い誘い
282	0.4		知識を求める成功者
283	0.7		検査と検討
284	1.5		完璧さは主のもの
285	0.7	2:15	最善のアッラーへの嘆願はアッラーを通じること
286	3		最悪の試練は金銭のこだわり
287	1		好いているような者に注意
288	1.3		出来ないことを望むこと
289	2		智者はアッラーを畏怖すること
290	0.8	1:17	改心後でも罪を恐れること
291	1		誤解してアッラーに逃避すること
292	1.4		不誠実な禁欲

底本の全節タイトル名一覧

234	1.4		教えへの逸脱
235	3		妄欲は終わり知らず
236	0.8		賢者は他人から戒めをもらい、来世のために頑張る人
237	2.8		教義の混乱
238	0.8		アッラーの差配に喜悦すること
239	0.8		楽園とその段階
240	0.7		現世と来世の好きなことは共存しないこと
241	0.7		天国しか人生はないこと
242	2.2		根のない愛は信用するな
243	0.7		切望と希望は二つの病気
244	1		高齢男性と若い女性
245	1		起きうることに用心すること
246	0.7	2:11	アッラーの本質を知ろうとすること
247	2.3		孤独は必要
248	0.8		係争を始めることなかれ
249	0.9	1:14	改心と祈願
250	2	4:9	知識と無知の間
251	1.8	2:12	あなたの現世を来世で売れ
252	1.9		愛憎を秘める決心
253			（欠番だが、252番の後半に継続されている）
254	0.8		不正の補佐は不正
255	0.7		尊厳
256	0.9		青年への助言
257	0.6		神学の病魔
258	1		享楽の戒め
259	1		慈悲願望
260	1.1	2:13	主への低姿勢
261	1.2	2:13	1人でアッラーを想うこと
262	1.3		導きはアッラーから

204	0.8	1:11	怒りは悪魔の勝利
205	1		人の話は用心を
206	1		先を見越す賢明さ
207	1.3		知識の栄光はその所有者を諸王の上に置く
208	0.4		正しい道は善に導く
209	0.4		完璧さの少ないこと
210	0.8	1:12	帰依に人の本心が出ること
211	1.2		困難な時の辛抱
212	1.5		学者や禁欲者が富の奴隷となっている
213	0.4	2:10	最も貴重なものはアッラーの覚知
214	0.8		死ぬ時に備えよ
215	2.4		預言者の諸能力
216	0.8		望んだようには授からないこと
217	0.6		望んだように創造し選択する
218	1		クルアーンと預言者伝承が基礎であること
219	1.5		アフマド伝承集マスナド
220	1.2		野望に従う人
221	1		間違いの結果に注意を
222	1.5		証をもって覚知する必要性
223	1.2	1:13	恩寵を見せびらかすことへの注意
224	2.2		来世の方がはるかに偉大で好ましいこと
225	1.2		現世は競争の広場
226	0.5		ユダヤ教徒とキリスト教徒を残存させる知恵
227	1.4	4:8	学者に必要なこと
228	1.2		頑迷な非信者
229	1		心で背反しないこと
230	1.5		学者より前に赦される無知な人
231	1.2		来世は安心の家
232	0.6		現世は恵みのためではないこと
233	1.4		教訓の光の下で思想の目を開け

174	0.4		アッラーへの恐怖
175	2.5		伝承の数への疑問とそれへの回答
176	1		遊牧民と流暢さ
177	0.7		美味さを急ぐと功徳を失う
178	0.5		高い志は目的が必要
179	1	3:18	人に対してではなく真実に対して飾るように
180	0.4		導きはアッラーのもの
181	0.3		人の精神は創造主の存在の最善の証
182	1	4:6	知識人の役目
183	2.1		人の怒りを買ってもアッラーの喜悦を求めよ
184	1.1		用心の必要性—友人や同僚
185	1.8		敵を克服する親切さ
186	1.8		目標達成のために隠すこと
187	0.9		暗記するために
188	1.7	3:19	孤独の功徳
189	1.5	2:9	死去への準備
190	0.8		神学に縛られないこと
191	0.7		この世の真の楽しみ
192	1		創造主と被造者の対比は不信心
193	1.4		苦難の後の高い地位
194	1.2	1:10	試練が増すと信仰の増加する人こそ信者
195	1.3	4:8	神学の大衆への危険
196	1		信者の精神は天国で飛んでいるもの
197	0.4		言葉を控えること
198	2		天命に背くこと
199	1		来世の報いは言動次第
200	2		死を失念するのは、アッラーの知恵
201	1.4		表面的な禁欲
202	1.5		姦淫は最悪の罪
203	1.3		智者への高慢さとその危険

144	0.7		妄欲は障害
145	0.6		人の能力に応じた試練
146	0.8		公正さがすべてをもたらすこと
147	0.4		内心を改める人をアッラーは高めること
148	1		現世は試練と選択
149	1.1		資金を貯めて学者は人から離れること
150	0.6		妄欲に負ける危険性
151	0.4	3:14	少なきをもって足ることを知る
152	1.7		知性の果実はメッセージを理解すること
153	1.2		知識は収穫で最高の栄誉
154	0.4		忍耐の結論は妄欲の終焉
155	0.8		行動のない言葉はむなしいこと
156	0.3	3:15	謙譲は堅い意志をもたらすこと
157	0.5		誰であれ、必要とする可能性
158	1.5		満足することに現世と信仰の平安があること
159	1		アッラーの書かれたことだけが襲って来ること
160	0.2		出来ないことをしようとしないこと
161	0.4		元気をアッラーにお願いすること
162	4	2:8	神秘主義の逸脱
163	0.7		逸脱には原因があること
164	0.6		智者の時間を整理して価値づけること
165	1.5	3:16	年取る前に若い時代を有益に使うこと
166	1.8		慣行ではなく、正しい道に従うこと
167	1.9	4:5	智者の孤独の功徳
168	2.5	3:17	イブン・アルジャウズィーの独白
169	1		心が傾くものを選んで、熱愛するものを選ぶな
170	2.3		信者の意志はその人の行動よりもよく語る
171	2		生活のために心を過たせること
172	2.5		浪費と中庸
173	0.4		結論を見ること

114	3		学徒の道―法学
115	1	1:9	至誠の報い
116	0.5		運命について
117	0.8		試練と忍耐
118	1		出来ることはすること
119	1		結果を考慮する知恵
120	1.2		僕の正しさはアッラーが一番ご存知
121	1.8		アッラーの知識を求める者への助言
122	1.4		改心の勧め
123	4.2		美称と属性の単一性
124	0.7		智者にとっての試練は完全を越えるもの
125	0.8		決意がよりよいこと
126	0.4		背反から遠ざかること
127	0.2	3:13	人生は戦い
128	0.2		現世に用心
129	1.7		罪から急いで改心せよ
130	0.5	2:7	アッラーを意識することで誰でも道が開けること
131	0.5		嘆願への応答を遅らせる知恵
132	0.5		死去の日に備えよ
133	0.6		アッラーとの関係を正すこと
134	0.7		アッラーに見逃しはないこと
135	0.7		罪の結果にご用心
136	0.2		悔やむ涙で罪の火を消すこと
137	1.6		監視人のように監視の扉で留まること
138	1		アッラーはより善いもので報われること
139	0.4		目を覚ませ
140	0.9		命令に従い、禁止を避けること
141	0.7		連合で得られるいつもの愛
142	1.3		アッラーの恩寵を数えれば、切りがないこと
143	0.7		疑わしきは避けよ

84	0.8		罪の矮小化
85	1		嘆願の受け入れ条件
86	1.1	2:5	知識ある人のアッラーから遠いこと
87	1		試練に備えよ
88	0.9		本当の知者
89	1.4		罪を避けることで栄誉を保つこと
90	0.8		知性の服従
91	0.6		知恵と決意で律する自分
92	0.8		存在の意義を知る
93	0.3	3:9	心中の誠実さ
94	0.8		知識を受け入れて裨益すること
95	0.9		懲罰の延期
96	0.9	3:10	優しい心
97	0.8		死んで気が付くこと
98	1.5	2:6	何からでもアッラーを知る目覚めた人
99	1.5		疑わしきは避けよ
100	0.5		監視台におられるあなたの主
101	4		禁欲主義：敬虔と帰依に必要な忌避
102	1		アッラーの創造について
103	0.5		試練と忍耐
104	0.4		忍耐は喜びの鍵
105	0.9		嘆願を遅らせること
106	1		寵愛は智者に
107	0.7	3:11	中庸は一番
108	2		完璧主義
109	0.9		貧困とその智者への影響
110	0.4		法学を知ること
111	1.2		妄欲の克服
112	1	3:12	敵より前に友人に用心を
113	1		俗欲に溺れること

54	2.8	1:4	忍耐と喜悦
55	1.2		アッラーを覚知した者は、敬愛を知った者
56	0.4		収入を確保しろ
57	0.4		学者と禁欲者
58	1.3		神秘主義者の過ち
59	1	3:6	心の強化策
60	1.2		見せかけの説教は許せない
61	3.5		神学者に用心を
62	1		視覚と聴覚
63	2.1		神的な情愛
64	1		帰依者の祈願
65	0.7		熟慮の価値
66	0.8	3:7	高い志
67	1.3	1:5	原因ではなく起因者
68	0.7		信者と罪
69	0.8		高慢な人の知識
70	1.5	1:6	帰依も授けられた糧であること
71	7.9		逸脱と似せること
72	0.7	3:8	時間の性格
73	1.2	1:7	妄欲と戦え
74	0.8		嘆願応答の秘密
75	1		本能
76	0.4		背反の特徴
77	0.8		あなたの擁護者の扉にいること
78	0.8	1:8	恩寵に対して思慮深く
79	0.9		外見に惑わされるな
80	1		導きと光
81	0.4		罪の影響
82	2.7		孤独か社交か
83	1.4		背反の結論

24	2		孤独は悪を避けるが善を避けないこと
25	1	4:2	知識に従う者が最良
26	1.2		アッラーを敬愛すること
27	1		理性をアッラーの知恵に従わせること
28	3.8	3:3	結婚の知恵とマナー
29	2.3		善行の善いことと悪行への警告
30	0.7	2:3	アッラーへの至誠
31	3		人は様々
32	1		妄欲の力は最強であること
33	1.5		人生の享楽
34	2.2		神秘主義者批判
35	0.7		人間と欲望
36	2.7		禁欲の真実
37	1.8	3:4	心の闘争
38	2.0		嘆願への応答が遅くても慌てるなかれ
39	0.5		試練に忍耐を
40	1.8	4:3	知識と行動
41	1		原因と起因者
42	2.4		人間と天使
43	1		物事の根本
44	1	3:5	無知な者も役立つこと
45	0.7		意図の実現
46	2.2	2:4	アッラーに専心であること
47	0.3	1:3	敬虔さ
48	2		身体の健全さは信仰の健全さ
49	2.7	4:4	知ったかぶりする者
50	0.6		アッラーは僕に優しいこと
51	2.4		原因と起因者
52	2		イスラームは清潔さ
53	0.8		贅沢の危険性

底本の全節タイトル名一覧

底本節番号と所要頁数		本書掲載章・節番号	タイトル
序文	0.5	序章	慈悲あまねく、慈悲深いアッラーの名において
1	0.6	1:1	説教を聞く人の心はさまざま
2	0.2	2:1	現世と来世の喜び
3	0.3		結末を見ること
4	0.5		欺瞞の快楽
5	0.3		用心は安全への道
6	0.4		罪をなして誇りなし
7	0.1	4:1	完璧な理性
8	0.1	2:2	神を敬愛し、神に愛されること
9	0.3		死後に備えること
10	0.8		言動次第の災厄
11	0.4		現世と来世の学者比較:23
12	0.4		人が内心を変えない限り、アッラーは人の状況を変えないこと
13	0.8		迷う人を困惑させる不思議
14	0.5	3:1	時間の大切さ
15	1.5		満ち足りる栄誉と欠乏の危険性
16	1		名士と現世の利得
17	0.6		罪の種類
18	0.7	3:2	正義は偏らないこと
19	7.2		神秘主義の逸脱
20	1		死亡の後に来るもの
21	3		服従と義務
22	0.7		心の修繕は禁じられたものを破棄すること
23	0.9	1:2	禁じられたものは甘美

人名・事項索引

編訳者
水谷 周（ミズタニ マコト）
京都大学文学部卒、博士号取得（イスラーム思想史、ユタ大学）、アラブイスラーム学院学術顧問、日本ムスリム協会理事、現代イスラーム研究センター理事、日本アラビア語教育学会理事、国際宗教研究所顧問など。日本における宗教的覚醒とイスラームの深みと広さの啓発に努める。『イスラーム信仰叢書』全10巻、総編集・著作、国書刊行会、2010～12年、『イスラーム信仰概論』明石書店、2016年、『イスラームの善と悪』平凡社新書、2012年、『イスラーム信仰とその基礎概念』晃洋書房、2015年、『イスラームの精神生活』日本サウディアラビア協会、2013年、『イスラーム信仰とアッラー』知泉書館、2010年、『クルアーン―やさしい和訳』監訳著、訳補完杉本恭一郎、国書刊行会、2019年など。

黄金期イスラームの徒然草

2019年11月25日　第1版第1刷発行

原著者　イブン・アルジャウズィー
編訳者　水谷　周
発行者　佐藤今朝夫

〒174-0056 東京都板橋区志村1-13-15
発行所　株式会社　国書刊行会
TEL.03(5970)7421(代表)　FAX.03(5970)7427
http://www.kokusho.co.jp

装丁：真志田桐子　ISBN978-4-336-06552-0
印刷・株式会社シーフォース／製本・株式会社ブックアート
定価はカバーに表示されています。
落丁本・乱丁本はお取替いたします。